문예신서
2004

부모가 알아야 할
유치원의 모든 것들

니콜 뒤 소수아

전재민 옮김

東 文 選

부모가 알아야 할 유치원의 모든 것들

Nicole du Saussois

Toutes les questions que vous vous posez sur l'école maternelle

© Éditions Albin Michel S. A., 1995

This edition was published by arrangement
with Éditions Albin Michel S. A., Paris
through Bestun Korea Agency, Seoul

기본적인 경험과 실습의 장소

"유아기의 아이들을 돌봐 주는 기관들 중에서 유치원이 차지하는 자리는 특별한데, 그것은 바로 유치원이 학교이기 때문이다. 가정교육을 보충하고 초등교육을 준비하는 유치원은, 어린이들이 성장하는 데 필요한 기본적인 경험과 실습을 하는 장소이다."

유치원 운영 지침에서 인용한 위의 문장이 유치원을 가장 잘 정의한 것 같다.

유치원은 내 인생에서 아주 특별하다고 말할 수 있다: 나는 모든 연령별 아이들을 맡아 본 경험이 있는 교사로서, 여러 지역에서 활동한 유치원 교사로서, 그리고 교육 고문으로서 가능한 한 가장 객관적으로, 그러나 아주 섬세하게 유치원이 어떤 곳인지를 설명하고 싶었다.

나는 부모들이 유치원에 대해 갖고 있는 우려와 의문들을 '접하고,' 교사로서뿐만 아니라 엄마로서 그리고 할머니로서 '문제의 이유'를 설명하고자 했다.

니콜 뒤 소수아

차 례

유아기,
발견의 시기.

자녀가 유치원에 들어간다

당신은 무엇을 해야 하는가?

아이가 유치원에 잘 적응할 수 있도록
어떻게 도울 것인가?

사전에 해야 할 일

● 구청에서

유치원의 등록 신청은 구청에서 한다.

제출해야 할 서류는 거주증명서, 주민등록증이나 호적등본, 건강 수첩이다.

자녀의 급식이나 특별 활동 교실의 혜택을 받기 위한 등록도 구청에서 한다.

● 유치원에서

구청의 유치원 담당 부서에서 교부한 등록 서류를 작성하여 유치원 원장에게 제출하면, 면담을 통해 유치원 안에서의 규율에 대한 설명을 듣게 되며, 자녀와 함께 교실을 둘러볼 수도 있다.

궁금한 사항들에 대해 질문하면, 원장은 당신의 걱정을 매우 잘 이해하며 안심시켜 줄 것이다.

의문 사항들

● 내 아이의 유치원을 내가 선택할 수 있는가?
학군 외의 유치원 등록을 어떻게 요청할 수 있는가?

당신이 거주하고 있는 구역은 중학교뿐만 아니라 유치원에 대해서도 적용된다. 그러나 구청에 다른 구역의 유치원 등록을 신청할 수 있다. 애로 사항을 설명하고 증명 서류를 제출해야 한다: 예를 들면 학부모의 직장 가까운 곳에 유치원이 있다든지, 아이를 돌보아 주는 분의 집이나 점심 시간에 당신의 자녀를 맡아 주는 친척의 집 가까운 곳에 유치원이 있을 경우.

【비고】 2세의 유아인 경우, 연령이 높은 아이에게 우선권이 있으므로 빈자리가 있는 유치원을 권유할 가능성이 있다. 또한 예외적으로 많은 학생들을 받아들이기 불가능한 시설 때문(정원 마감)에 아이들을 위해 정원이 초과되지 않도록 구청에서 다른 공립 유치원을 제안할 것이다.

● 몇 살 때 유치원에 들어갈 수 있는가?
2세에 유치원 입학

대부분의 유아들은 3년 6개월이나 4세 때 유치원에 들어가지만, 2

세의 유아가 유치원에 들어가는 경우도 이따금 있었다. 80년대 초부터 교육 우선 지역의 유치원에서는 2-3세의 유아들을 받고 있다. 영아들도 또래의 다른 유아들을 자주 만나는 것이 필요한데, 실제로 아이들의 자율은 '사회에서' 형성된다: 아이는 자기 자신을 알게 되고, 다른 유아들과 사귀고 함께 생활하는 것을 배우고, 나눔·교환·선택을 배운다.

그리고 유아가 어떤 상황에서는 집보다 유치원을 보다 편안해할 수 있으며, 유아에게 맞추어진 훌륭한 환경에 더 유혹받을 수 있다.

영아들은 다음과 같은 것들을 할 수 있다:
— 물놀이, 모래놀이.
— 여러 가지 다른 재료들을 다룬다.
— 감각적(시각·미각·청각·촉각) 경험을 갖는다.
— 다양한 도구(붓·사인펜)로 선긋기.
— 찢기.
— 나이에 맞추어 잘 만들어진 교육적인 놀이 도구를 다룬다.
— 다양한 '작업'을 생각해 내어 행동하고, 실현한다.
— 어른들 그리고 아이들과 대화하고, 자기의 생각과 감정을 표현한다.
— 공간이나 시간의 기준뿐만 아니라 감정의 기준이 향상된다.
— 훈련을 시작한다.

2세의 유아는 완전한 권리를 가진 한 인격체이며, 충동적이고, 점차 호기심이 증폭된다. 그리고 유치원에서는 2세의 유아를 받을 수 있지만, 다만 아이에게 맞는 정돈된 공간을 마련해야 한다.

● 내 아이가 급식을 하거나, 특별 활동 교실에 있어야 한다: 이 시간들은 어떻게 짜여지는가?

급식과 특별 활동은 구청의 책임하에 있고, 지방과 도시의 규모 그리고 지방 또는 도시의 환경에 따라 다양하기 때문에 이 구조를 전체적으로 검토하는 것은 매우 어렵다.

대개의 경우 책임자들은 문제점을 인식하고 학부모의 요청이나 사회적 구속(예를 들어 원거리 직장에 다니는 맞벌이 부부)을 고려하면서 이러한 '특별 활동'을 조직한다는 것을 알아야 한다. 문제점은 학교 기금에 관한 회의를 할 때 제기된다.

점심 시간

많은 유치원에서, 학교 시간표 조정 계획의 범위 안에서 점심 시간을 다음과 같은 방법으로 준비한다:
- 연회 분위기를 조성한다.
- 셀프서비스를 제안하면서 자율의 발전을 촉진한다. 처음 며칠은 망설이다가 점차 음식을 선택하고, 양을 조절하는 것을 볼 수 있다.
- 음식과 식기를 다루는 데 주의한다.
- 유아들의 선택에 따라, 점심 시간 전과 후에 조용한 시간(그림책을 갖고 하는 활동)과 '역동적인' 시간들(실외 놀이, 노래와 음악 놀이)을 권하는데, 이를 **선택 시간**이라고도 한다. '영아들'은 점심 시간 후에 낮잠을 잔다.

특별 활동 교실

부모가 맞벌이를 하거나 특별한 경우 몇몇 구에서는 보통 일과가 시작되기 전의 아침 시간과 유치원이 끝난 후의 간식 시간, 그리고 오후 6시/6시 30분까지, 특별 활동 교실을 운영한다.

수요일에는 특별 활동 교실이 유치원에서 열릴 수 있는데, 자격을 갖춘 교사가 소규모 집단의 유아들을 돌본다(유아 8명당 교사 1명).

● 내 아이가 장애아이다: 유치원에 들어갈 수 있는가?

희망을 갖고 다음의 내용들을 읽어야 한다……. 유치원 원장이나 학교 시찰 또는 도의 시찰을 통해서 당신에게 정보를 제공할 것이다.

모든 유아들을 받아들이는 유치원에서는 유아 개개인 모두가 유치원 입학을 최대한 활용할 수 있도록 해야 한다.

장애 유아의 입학이 일반 학교에 가장 가까운 조건 안에서 전반적으로 증가했다. "장애 유아가 학교에 통합되는 것이 교육 제도 기능의 특성 가운데 하나가 되도록 노력이 뒤따라야 한다."

일반 학교에 통합되는 조건

• 유아에 관해서

유아 통합의 목적은 개인의 성숙과 지적 발전, 능력의 개발과 지식의 습득을 돕는 데 있다.

유아는 학교 생활에 포함되는 통제와 최소한의 강요를 받아들일 수 있어야 하지만, 장애에 따라 유치원 내부 규칙에 예외가 적용될 것이다.

• **시설에 관해서**

구역의 학교는 지역 모집에서 접수된 장애 유아를 학교 통합에 의하여 받아들일 임무가 있다.

유치원에서는 따뜻하게 환영하는 태도를 나타내는 방법은 알겠지만, 건축(계단……)과 이미 등록한 아이들의 수와 관계된 문제점들은 어려움을 야기할 수 있는데, 이는 교사진에서 해결하고자 노력할 것이다.

통합 형태

장애 유아의 **특별한 요구**에 부응하여 각 통합이 이루어지고, 그렇게 해서 개별 통합 계획이 생겨난다.

통합은 개별적이거나 집단적일 수 있고, 전체 시간 또는 일부분의 시간에 적용될 수 있으며, 외부 지원 활동의 대상이 될 수 있다. 그리고 부분적인 시간의 통합 방식은 종종 전체적인 시간의 통합으로 가는 과정이다.

통합 방식

다음과 같이 두 가지 상황이 가능하다.

1. 교사진은 학교 통합의 조건이 충족됐다고 간주한다. 특수교육위원회에 즉시 입학시킬 것을 제안한다. 특수교육위원회는 실행할 활

동을 보장한다(경우에 따라 있을 수 있는 관계자와 연관된 학습적이고 임상적인 교육 계획).

2. 교사진은 이와 같은 통합 조건이 효과적이지 않다고 생각한다. 거부할 경우 설명을 하고, 적합한 해결책을 모색한다:
- 다른 유치원에 입학.
- 경우에 따라서 부분적 시간 통합을 하는 특별한 시설에 입학.
- 이러한 조건들이 갖추어진 후 구역 유치원에 입학.

유아의 취학에 대한 해결책을 모색할 책임이 가족에게만 있는 것은 아니다.

특수교육위원회의 역할

이 위원회는 다음과 같은 일을 한다:
- 개별 계획의 실행을 보장한다.
- 통합 계획의 실행을 지켜본다.
- 이따끔 다소 시간이 오래 걸리는 기능으로 인해 통합이 지체되지는 않는지 지켜본다.

내가 목격하고 경험한 사례들을 상세히 이야기하는 것은 상대적으로 매우 쉽다.

1. 청각 장애 유아인 경우
이 유아들을 위한 특수 기관과 비슷한 몇몇 유치원에서는 이미 20년 전부터 청각 장애 유아를 받아들이고 있는데, 몇 가지 대비하여야 할 점이 있다:

• 한 반에 통합되는 장애 유아는 1명이나 2명이다.

• 통합 시간은 반나절이다.

• 특수교사가 유아를 지도한다.

해당 유치원의 유아들은 친구들을 잘 받아들였다. 왜냐하면 이 유아들은 친구들의 장애에 적응했고, 말보다는 다른 수단으로 소통하기 때문이다……

2. 장애가 없는 유아들과 각기 다른 장애가 있는 **장애 유아를 받아들이는 유치원의 경우**, 유치원은 각기 다른 차이점이 있는 모든 유아들을 받아들인다.

● 내 아이가 상급반과 하급반, 두 수준이 함께 섞여 있는 반에 들어간다

개혁과 연관된 문제에 대한 해결책에서는 한 과정에 존재하는 유연성을 보여 주고자 한다. 같은 과정에 다른 나이의 학생들이 1년 동안 한 교사에게 위임되는데, 이 경우는 규모가 작은 유치원의 경우뿐만 아니라 보다 큰 규모의 유치원에서도 시도할 수 있는 구조이다. 혼합된 모든 반이 여러 수준이 공존하는 하나의 학급처럼 유아들의 욕구와 이미 습득한 능력에 따라 관리되어야 한다.

이와 같은 학급의 구성은 항상 교육적 견해에서 비롯된다.

영아들과 4-5세의 유아들이 함께 있는 반

영아들의 낮잠 시간 동안 4-5세의 유아들을 중심으로 작은 집단을 만든다. 이때 교사는 이 집단에게 보다 명확한 활동을 위해 실습을 유도하거나 깊이 있는 몇몇 활동들을 반복시킬 수 있다. 5-6세의 유아들이 동생들을 이끌어 준다!

4-5세의 유아들과 5-6세의 유아들이 함께 있는 반

5-6세의 유아들은 전적으로 읽기나 쓰기 연습을 하게 될 것이다. 활동적이고 상상력이 풍부하고 질문이 많은 유아들과, 실습을 시작하는 유아들이 혼합된 이들 경우에는 두 그룹 모두에게 유리할 수 있다. 예를 들어 그림책을 만들 때 수준별 구분 활동과 공동 활동이 함께 이루어질 것이다. 즉 반 전체가 공들여 만든 책에는, 가능한 수단(손이나 라벨을 이용해서, 또는 사용이 간편한 인쇄기와 같은 도구를 사용해서)으로 5-6세의 유아들이 글씨를 쓸 것이고, 4-5세의 유아들이 그림을 그릴 것이다.

영아들과 5-6세의 유아들이 함께 있는 반

이 혼합반에 대한 몇몇 시도가 있었는데, 이 편성이 앞의 두 경우보다 더 이점이 있는 것 같다. 영아들이 낮잠을 자는 동안 5-6세의 유아들은 더 작은 집단을 만들어 나이에 맞는 정확한 활동을 하도록 유도된다. 5-6세의 유아들은 영아들을 격려하는 데 있어서 자신들의 역할을 심각하게 받아들이면서 자율적이고, '도움이 되고,' 영아들을 혼란에 빠뜨리지 않도록 주의하고, 책임감을 갖도록 강요된다. 따라서 어른들은 이 아이들이 모성애를 갖고 영아들을 대하지 않도록 지켜봐야 하고, 영아들이 상황을 이용하지 않도록 지켜봐야 한다.

영아들, 4-5세의 유아들과 5-6세의 유아들이 함께 있는 반

유아학교[유치원이 없는 지방의 초등학교에 설치된 학급]를 말한다.

유아 각자는 또래의 유아들, 그리고 다른 나이의 유아들과 함께 생활하는 것이 가능하다는 것을 알게 된다. 대도시에 사는 부모들은 이러한 상황에 대해 종종 걱정하지만, 시골에 사는 주민들은 이러한 환경에 익숙해 있고, 유일한 학교인 이 유아학교를 자주 방문한다.

● 내 아이가 두 명의 교사에게 지도를 받는다. 이를 어떻게 생각하는가?

여러 경우를 예로 들 수 있다:
• 교사들은 반나절 근무를 요청할 권리가 있다.
• 교사-원장들은 학급 수에 따라 반나절 또는 하루의 1/4을 면제받는다.
여러 가지 구성이 가능하다:
• 한 교사가 오전을 맡고, 다른 교사가 오후를 맡는다.
• 한 교사는 월요일과 목요일에 일하고……. 교사들은 이와 같은 상황이 초래할 수 있는 어려움을 잘 알고 있지만, 유아들은 빠르게 적응한다. 실제로, 각 교사는 특정 분야를 맡을 수 있다.

● 내 아이는 한 명의 교사가 지도할 것이다. 어떻게 생각하는가?

유치원은 오랫동안 한편으로 여학교와 같은 부인학교(école de femmes)였다. 교사들은 1977년부터 차별 없이 유치원 또는 초등학교를 선택할 수 있게 되었다.

아버지의 역할이 강조되는 시대, 유치원에서의 교사의 위치가 확실해졌다…….

자녀가 유치원에 보다 잘 적응하도록 어떻게 도울 것인가?

● 신학기 전

자녀에게 학교에 대해 이야기한다. 틀림없이 다른 유아들과 사귈 수 있는 기회가 없었던 아이보다 탁아소에 맡겨졌던 아이가 유치원 입학이 더 수월할 것이다.

● 신학기를 시작하는 날

많은 유치원에서 신학기에 일정한 간격을 두고 유아들을 받도록 준비하고 있다. 선택한 시간이 언제이든지, 모든 시간에는 다음 사항을 목적으로 한다:

• 취학 경험이 없는 유아들을 가능한 한 최상의 환경에서 등원할

수 있게 한다. 예를 들어 아침에 졸면서 유치원에 오는 영아들은 유치원에 와 있다는 것을 더 이상 분별하지 못할 것이다.

• 부모들을 안심시킨다. 때로는 교실에서 자녀 곁에 잠시 머물러 있는 것이 가능하다. 이렇게 하는 것이 몇몇 유아들에게는 도움이 될 수 있겠지만, 이것은 예외적인 경우이다.

● 처음 며칠

영아들에 대해서…… 또는 자녀가 흘리는 눈물에 대해서 너무 걱정하지 마라. 이는 간혹 어쩔 수 없는 과정이고, 아직 말을 잘 못하는 유아가 낯섦·혼란·분리감 등의 감정을 표현하는 것이다. 소리를 내면서 눈물을 계속 흘리기도 하지만, 종종 당신이 떠난 후에 바로, 아주 금방 그치기도 한다. 어쨌든 웃으면서 즐겁게 있어라. 슬픈 모습은 아이를 더욱 슬프게 할 뿐이다. 만약 당신의 자녀에게 특별한 어려움이 있다면, 바로 당신에게 알릴 것이다. 하루나 이틀 집에서 쉰 후, 어떤 유아들은 유치원에 다시 가기를 싫어할 것이다.

가령 유아들이 유치원 생활에 잘 익숙해진다 하더라도, 그리고 집단 학습에 잘 통합된다 하더라도 하루에 몇 번은 그리워하는 순간들이 있고…… 집을 생각하고, 엄마와 아빠를 생각하면서 힘든 시간을 갖는데, 다른 유아들이 퇴원하는 등의 상황이 이러한 혼란을 가중시킨다. 따라서 가능하다면 식사를 하거나 간식을 먹고 있는 유아들이 친구들의 부모를 보지 못하도록 한다.

유치원에서 **가족의 표시**는 유아들이 알고 있는 것과 좋아하는 것을 다시 알아보게 해준다:

— 유아 자신의 사진.

— 유아 가족의 사진.

— 부모와 유아들을 소개하는 게시물.

— 애정이 담긴 물건들.

— 영아들을 위한 곰인형이나 **두두인형**〔영아들이 잠들 때뿐만 아니라 늘 갖고 다니는 인형이나 천조각〕.

— 엄마 아빠한테 **말하기** 위한 장난감 전화기.

유아들이 집에서 가지고 놀던 장난감을 가져오는 것은 권할 만한 일이 아니지만, 유아들은 우편함에 그림이나 쪽지를 넣고 나뭇잎이나 밤·꽃을 가져오는 걸 좋아한다. 학기초에는 정이 담긴 작은 장난감들(인형·곰인형)을 활동에 참가시킨다! 그리고 차츰차츰 놀이나 작업을 하기 위해 장난감을 떼어 놓는다.

학기초 유치원에 있는 시설을 선택해서, 편안하게 생각되고 애정을 느끼는 요소들을 찾을 수 있는 **은신처**가 영아들에게 허용된다:

• 몇 가지의 천연 목재 장난감.

• 아주 간단한 시동 장치가 있는 음악 상자.

• 플러시 천으로 만든 몇몇 동물 인형이나 꼭두각시.

• 천이나 타월감으로 만든 몇 가지 인형.

• 유아들이 아기였을 때의 사진들……

알아야 할 사항:

아주 드문 몇몇 경우를 제외하고 유아가 유치원에 가기를 거부한다면, 어느 정도 단호한 태도를 보이는 것이 필요하다. 아이는 엄마 아빠가 안심하고 있다는 것을 느끼면 적응하기 시작한다. 자녀가 유치원에 있는 동안 당신이 하는 일을 아이에게 설명하라. 아기의 출산과 같은 상황은 민감하다……. 아기가 탁아소에 맡겨지자, 유아가 유치원을 받아들인다.

당신이 자녀를 데리러 왔을 때 아이를 조용히 놔두는 것이 바람직함을 잊지 마라! 교사에 대해, 아이가 실습을 했다면 배운 것에 대해, 친구들에 대해 질문을 해서 아이를 괴롭히지 마라. 신뢰의 시간이 아마도 올 것이다. 이유는 알 수 없지만, 몇몇 아이들은 유치원에서 있었던 일에 대해 이야기하고 싶어하지 않고…… 아이는 별개의 두 가지 생활을 병행해 나가고, 이 두 가지를 억지로 연관짓고 싶어하지 않는다. 그리고 자녀가 유치원에 대해 무엇을 이야기할 수 있는지 알려고 너무 조바심내지 마라. 처음 며칠은 아이를 기다리게 하지 마라. 어린이들은 괴물이나 늑대를 무서워하는 것이 아니라, 버려질 수 있다는 생각에 긴장되어 있다.

어떻게 입힐 것인가?

몇 년 전부터 사람들은 아동복에 대한 걱정을 한다. 실용적이고 기능적인 것이 최근 경향이다……. 유치원에서는 다음과 같은 복장이 바람직하다.

- 벗기 어렵거나, 다시 입기 어렵거나, 단추를 채우기 어려운 옷(멜

빵이 있는 옷, 복잡하게 여미는 옷)은 입히지 않는다. 어린이는 혼자서 옷입는 것을 자랑스러워하고, 컸다는 것에 자랑스러워할 것이다.

• 너무 꼭 맞는 옷은 입히지 않는다. 예를 들어 아이에게 어울리고, 입어서 편하고 손질하기 쉬운 윗옷을 입으면 아이가 보다 편안해할 것이다.

• 빼앗기거나 선망의 대상이 될 우려가 있는 장신구는 착용시키지 않는다.

• 손수건을 챙겨 준다.

• 쉽게 더러움을 타는 옷은 입히지 않는다. 어떤 어린이들은 옷이 더럽혀질까봐 그림을 그리거나 점토를 빚는 것을 거부한다.

• 환경과 상황에 맞는 신발을 선택해서 신도록 한다: 테니스화, 유연한 운동화, 장화, 모양보다는 편안한 신발.

• 너무 두껍게 입히지 않는다(실외 온도와 난방이 된 실내 온도의 차이를 미리 알아두면 좋다).

만약 어린이가 안경을 쓴다면, 장애가 된다고 생각지 마라. 반대로 유치원에서는 안경 쓴 어린이를 부러워할 것이다! 안경을 보관하기 위해 안경집을 사용하도록 가르쳐라.

집 근처에 사립 유치원이 있다면, 당신의 자녀를 그곳에 보낼 것인가?

● 사립 유치원과 공립 유치원의 차이점

계약이 되어 있지 않은 사립 유치원과 계약이 되어 있는 사립 유치원을 구별해야 한다.

이름에서 알 수 있듯이, 국가와 계약을 맺은 사립 유치원은 이 계약으로 권리와 의무를 갖게 된다. 말하자면:

— 장소는 같은 기준의 안전과 위생을 갖추어야 한다.

— 교사들은 국민교육 장학관의 감독을 받는다.

— 교사들은 같은 훈령과 수업 계획을 따른다.

— 교사들은 교육연수원에서 충실한 교육을 받는다. 교사들은 다른 동료 교사들과 마찬가지로 같은 국민교육 자격을 갖추고 있다. 교사들은 개인적이거나 종교적인 신념 또는 다른 신념에 의해서 사립 유치원을 선택한다.

— 어떤 유치원에서는 특별한 방법을 제안한다(예를 들면 마리아 몬테소리[1]).

— 다른 유치원들과 마찬가지로 사립 유치원에서도 계획을 짠다.

— 초등학교에서는 어린이들이 초등학교 3학년 초에, 중학교에서는 1학년 초에 평가를 거친다.

— 국민교육에서와 마찬가지로 진급 여부는 학년의 교사들이 결정한다.

분명한 예를 들어 보자:

쥘리앵은 공립 유치원의 4-5세반에 다니고, 쥘리앵의 부모들은 초등학교 1학년에 바로 진급되도록 요청했다. 그런데 학년 상담교사는 쥘리앵이 초등학교 1학년의 학습 속도를 쉽게 따라갈 수 있을 정도로 아직은 충분히 성숙되어 있지 않다고 생각해 이를 거절한다. 그래서 부모들은 도움을 청하고, 장학관은 교사들의 의견을 따른다……. 쥘리앵은 사립 유치원에서도 공립 유치원에서도 초등학교 1학년으로 진급할 수 없다. 계약이 안 된 유치원에서는 모든 방식을 원장에게 요청한다.

알아야 할 단어들: 부모들이 알아야 할 용어들

● 맞아들이기

이때가 유치원에서는 중요한 순간이다. 유아들이 몇 명씩 도착하

---

1) 마리아 몬테소리는 1870년 이탈리아에서 태어났다. 몬테소리는 어려움을 갖고 있는 유아교육의 강의를 맡고 있는 의학박사이고 로마 사범학교의 학장이었다. 몬테소리는 거의 모든 언어로 번역된 많은 책을 출간했고 '어린이집'을 설립했다.
마리아 몬테소리 교육의 기본적인 생각은 가르치거나, 지도하거나, 지시하거나, 단련시키거나, 유아의 생각을 형성시키거나 하지 않고, "유아들이 경험하고, 움직이고, 작업하고, 자발적으로 동화하고, 정신을 살찌우는 등 유아의 욕구에 적합한 환경을 마련해 주는 것이다. 활동은 조직되지 않고, 세밀하게 조직된 환경에서만 진정 자유로운 활동이 된다."

고…… 그리고 활동을 선택한다. 어린이들은 몇 가지 장난감, 책들을 자유로이 사용할 수 있다. 그리고 하나 또는 두 개의 실습실이 열려 있다. 아직 잠이 깨지 않은 유아들을 위해 쿠션·소파·양탄자가 마련되어 있다. 부모들은 간혹 자녀들이 옷을 벗는 것을 도와 주거나, 실내화를 신는 것을 도와 줄 수 있다. 교사는 모든 유아들을 돌보고, 당신의 자녀를 직접 맞이한다. 만약 유아가 수줍어하면, 교사는 용기를 북돋아 주고, 이 순간을 이용해서 개별화되고 특별한 접촉을 시도할 것이다. 교사는 유아의 개성에 따라 어떻게 맞이해야 하는지를 안다……. 때로는 교실에 젊은 보조교사가 있고, 아빠는 어린 딸을 데리고 와서 조금 불안해한다. 교사가 아이를 못 본 것 같지만, 교사는 다가와 웅크리고 앉아 어린 여자아이를 바라보고 웃으면서 인사를 한다. 이순간 아빠가 안심하는 것은 분명하고, 그는 일터로 갈 수 있다. 이 일화는 유치원에서 유아들을 맞아들이는 순간 부모의 존재가 부여하는 중요성과 부모들이 유치원에 대해 갖는 신뢰를 보여 준다.

교사에게 망설이지 말고 말을 건네고, 행복한 순간이나 사고에 대해 이야기하라. 당신은 잠시 동안 교사와 함께 있을 수 있다. 그러나 교사를 독차지해서는 안 된다. 교사가 다른 유아들을 돌볼 수 있도록 교실에 너무 오래 머물지 말아야 한다. 교실에 장시간 머물러 있으면 자녀가 동화하는 것을 방해할 우려가 있다.

시설과 관련된 어려움으로 인해 이와 같이 유아들을 맞아들이기가 불가능한 경우도 종종 있다.

● 실습실

"실습은 유아들 사이에, 그리고 유아와 교사 사이에 풍부하게 발전된 관계에 의해 촉진된다." 실습실 또는 작업실은 이러한 의사소통에 효과적인 장소가 될 수 있다.

따라서 실습실은 다음과 같은 장소가 된다:
- 지시에 따라 명확한 활동을 하는 장소.
- 실습하는 장소.
- 연습하는 장소.
- 실현하는 장소.

네 명 내지 여섯 명이 모여 같은 활동을 한다.

● 놀이 공간

유치원에서는 교실 한구석이라도 어느곳이나 다 놀이 공간이다 ……. 또한 유아들이 자율적으로 놀이나 활동을 할 수 있는 모든 곳을 놀이 공간이라 지칭하고자 한다.

● 간 식

간식 시간은 9시 30분에서 10시 사이 우유나 물을 마시고, 빵·과자·건포도·바나나 등을 먹으면서 파티 기분을 내며 쉬는 시간이기 때문에 유치원에서 꼭 있어야 할 즐거운 순간이다. 유치원에서는 음식 섭생을 처음으로 가르쳐 주는 이 간식을 자주 유아들 스스로 준비하도록 유도한다. 설탕은 소량을 섭취하고, 편식하지 않으며, 그리고 한 숟가락의 간 당근을 먹거나 그뤼에르 치즈 한 조각, 무를 먹을 수 있게 된다.

● 셈노래

셈노래는 철자가 말해 주듯이 **수를 세게** 해주는 구전의 짧은 이야기이다. 손가락놀이이며 유모놀이인 셈노래는, 전례적 가치와 문화적 기여 이외에 유아들을 달래거나 재우기 위해 예로부터 언제나 흥얼거리던 노래였기 때문에 유아들에게 아주 잘 맞는다. 특히 셈노래는 유아가 단어에 대한 탁월한 기억력을 갖게 해주고, 우수한 발음을 얻게 해준다.

● 계 획

모든 사람들은 계획을 갖고 있다. 말하자면 무엇을 할지, 또는 무엇을 시작할지에 대해 생각한다. 어린이들에게 미래는 중요하다.

계획의 예:

• 사육제 의상 마련하기.

• 게시물 만들기.

• 축제 준비.

• 식당 장식하기.

● 반

유치원의 학급을 말한다. 다음과 같이 구별할 수 있다:

— 2-4세반.

— 4-5세반.

— 5-6세반.

【비고】: 다음과 같은 반도 있을 수 있다:

— 영아반(2-3세).

— 혼합반(영아반과 4-5세반, 영아반과 5-6세반, 4-5세반과 5-6세반).

— 유아학교(영아반, 4-5세반, 5-6세반이 동시에 있는 반).

— 유아학교와 초등학교 1학년.

빈번히 사용되는 약어들, 이 약어들에 담긴 뜻은 무엇인가?

ATSEM: 유치원 구역 담당 일반 공무원(또는 미화원).

BATA: 오락 진행자 자격증(이 사람은 여가 활동 센터에서 일한다).

BCD: 자료 도서관–연구소.

BO: 공보(국민교육에 대한 관보).

CATE: 유아 시간의 계획적 이용에 대한 계약.

CCPE: 초등전(前) 문제자문위원회.

CMPP: 교육–심리–의학연구소.

CNDP: 국립교육자료센터.

DDEN: 국민교육 도위원.

IA: 학술원 교육담당관.

IEN: 국민교육담당관.

IUFM: 단기 사범대학.

PMI: 임산부, 유아 예방책.

RASED: 문제 유아 특별 보조 조직.

ZEP: 교육 우선 지역.

보 험

학교 활동과 학외의 활동 전반에 대해, 그리고 집과 유치원 사이의 등하교 등등 모든 것에 대해 실제로 자녀를 위한 보험 가입을 강력히 권고한다.

알아야 할 사항:

— 유치원에서는 시간외로 연장될 수 있는 체험 학습을 할 경우 보험에 가입되지 않은 유아의 동반을 거부할 권리가 있다.

— 학교 시간 내의 모든 활동(수영장 · 스케이트장)은 학교 활동으로 간주된다.

— 만약 보험에 들지 않은 어린이가 운동장에서 사고를 당한다면, 예를 들어 안경이나 치아 치료에 대한 환불은 아주 미비하다.

— 학교상호보험의 경우, 제시하는 이점에 비하면 보험료는 거의 오르지 않는다.

신학기에 학부형회에서 이 문제에 대해 정보를 제공한다.

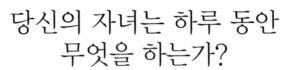

당신의 자녀는 하루 동안
무엇을 하는가?

────

평일의 일과

2-4세의 유아

부모는 자녀를 교실까지 데려다 주고, 교사는 유아를 개별적으로 맞이하며, 유아는 알고 있는 선생님·친구들과 함께 낯익은 교실에서 좋아하는 활동으로 하루를 시작한다. 이 시간이 교사가 유아들과 특별한 접촉을 할 수 있는 때이고, 또 학부모들은 현관이나 안마당에서 다른 유아들을 만날 수 있는 순간이다.

모든 유아들은 유치원에 도착했을 때, 단체의 결합을 목적으로 하는 단체 활동에 참가한다. 예를 들면:

— 이름을 부를 때 대답한다.

— 다른 유아들과 함께 무슨 요일인지 알아낸다. 입고 있는 옷에 대해 민감해져서 날씨를 관찰한다.

— 셈노래를 암송하고, 목소리를 이용해서 놀이를 하고, 노래를 부른다.

— 의례적으로 식물에 물을 줄 수도 있고, 친숙한 동물을 돌볼 수도 있다.

— 그림, 물건, 일상적인 일들, 또는 우연히 일어나는 사건들에 대해서 이야기한다.

10분에서 20분 사이에 이러한 재편성이 이루어지고, 1년 내내 계속된다.

그리고 나서 유아는 놀이방으로 간다. 그곳에서 달리고, 높이 뛰어 오르고, 굴렁쇠나 공을 가지고 놀고, 놀이나 원무에 참가한다.

유아는 식당이나 교실에서 가벼운 간식을 맛본다: 안마당에서는 다른 어린이들이 노는데, 이것이 바로 오락이다. 교실에서 유아는 놀고, 물건과 재료를 다룬다. 한구석에서 놀이를 하거나 실습실에서 그림을 그리고, 찢고, 붙이고, 쌓는다. 그리고 집이나 유치원에서 점심을 먹고, 오후 1시 30분경에 돌아와 특별하게 꾸며진 공동 침실에서 낮잠을 자고, 각자의 시간에 깬다. 낮잠 시간 이후 날씨에 따라 안마당이나 교실에서 놀이를 한 다음, 주의를 기울여야 하는 간단한 놀이에 참가하거나 이야기를 듣는다. 부모가 찾으러 오거나 유치원에서 간식을 먹는다.

5-6세의 유아

오전에 당신의 자녀는 안마당 · 놀이방 또는 교실에서 친구들을 만난다(유아들을 맞이하는 장소는 유치원에 따라 다르다).

의례적으로 하는 일은 하루를 잘 시작하게 한다. 예를 들어 당신의 자녀는 날짜판과 날씨판을 바꾸고, 다른 유아들과 함께 유치원에서 점심을 먹을 출석생 수를 센다. 그리고 노래를 부르고, 식물이 자라는 것을 지켜보고 돌보며, 교실에 있는 친숙한 동물들도 돌봐 준다.

단체 활동을 20분에서 30분간 한다:

— 유아는 자기의 생각이나 감정을 표현하고, 다른 유아들 및 교사와 이야기를 나눈다.

— 자신의 의견을 말하고, 자신의 관점을 변호하며, 진행중인 계획에 대한 생각을 말한다.

— 단체 활동이나 읽기·쓰기·수학 학습에 참가한다. 유아는 개별적으로 교사의 도움을 받거나 지도하에, 또는 자율적으로 배우고 연습한다.

— 간식을 준비하고 먹는다.

— 운동장에서 다른 유아들과 논다: 이것이 오락이다.

— 놀이방에서 신체 활동 시간에 참가한다. 일부 구역에서는, 주위 환경에 따라 얕은 수영장에 가는 시간이나, 스케이트 또는 승마 시간 등이 있다.

— 교실에서는 시작한 활동을 계속한다.

— 점심을 먹이기 위해 부모가 유아를 찾아가거나, 또는 유치원에서 점심을 먹는다.

— 음악이나 이야기를 듣고 노래하면서 오후를 시작한다.

— 그림을 그려 색칠하고, 찰흙놀이를 하며, 물건을 만들고, 자르고, 붙인다.

— 안마당에서 다른 유아들과 노닌다. 이것이 오후에 하는 오락이다.

— 춤추고, 음악에 맞춰 배우며,

규칙이 있는 놀이를 하고, 이야기를 듣는다. 동시나 책에 나오는 단어들과 다음날 계획에 있는 일을 기억한다.

— 부모가 자녀를 찾아가거나 유치원에서 간식을 먹는다.

알아야 할 사항:

가장 많이 사용하는 유치원의 시간표는 다음과 같다:
- 8시 30분–11시 30분–13시 30분–16시 30분.
- 9시–12시–13시 30분–16시 30분.
- 8시 30분–11시 30분–13시–16시.

— 시간표는 교실에 붙어 있다. 보통은 신학기를 시작하고 첫 번째 회합 때 학부모에게 시간표를 보여 준다.

— 교사들은 유치원의 제한된 여건(공동 교실의 사용 여부), 정부의 지시, 연령에 따른 유아들의 욕구와 흥미, 단체 활동과 집단 활동 또는 개별 활동 사이의, 즉 주의를 요하는 활동과 움직이고 행동하게 하는 활동 간에 필요한 변화를 고려하면서 각자의 시간표를 작성한다.

시간표의 예	
2-4세반	4-5세반과 5-6세반
개별적인 등원: — 놀이 공간 — 은신처 — 정적인 활동	등원하여 교실로 가거나 안마당에서 놀이를 함
체 육	재편성: 의례적으로 하는 일 — 확인·호명 — 날짜 찾기 — 날씨 관찰 — 활동 소개
재편성: — 노래 부르기 — 셈노래 — 간 식	실습실에서의 활동 훈련 — 읽 기 — 쓰기-필체 — 수 학
실습실에서의 활동: — 놀이 공간 — 지도에 따른 활동	간 식
오 락	
간단한 언어놀이, 셈노래 언어 활동 읽거나 구현되는 이야기	체 육
점 심	
낮 잠 간격을 두고 낮잠에서 일어남	조용한 시간: — 읽거나 구현되는 동화 — 음 악 손을 사용하는 활동 조용한 놀이
오 락	
원무, 춤추는 놀이 주의를 요하는 간단한 언어놀이	주의를 요하는 놀이 기억놀이

유치원은 유아들의 욕구와 흥미에 어떻게 부응할 것인가?	
2-6세 사이 유아의 욕구와 흥미	유치원의 해결책
커지고, 편안함을 느끼고 싶고, 사랑받고 싶은 욕구…	• 안전하고 조용하고, 어느 정도의 안락함이 있는 교실 분위기 • 교사와 유치원에 근무하는 성인들과의 특별한 관계
움직이고 싶은 욕구	• 체 육 • 교실에서의 몇몇 활동
자기 자신을 알고 싶고, 다른 친구들을 알고 싶은 욕구	• 교실에서의 모든 상황은 자신을 알게 해주고 사회화하도록 해준다…
표현하고 나누고 싶은 욕구	• 언어 활동, 언어 유희 • 놀이 공간에서의 활동과 실습실에서의 활동 • 서신 왕래, 학교 신문
놀고 싶은 욕구	• 놀이 공간에서의 활동: 주방, 인형, 가게, 분장-'공간' • 오락
탐험하고 싶은 욕구	• 조작과 발견(친숙한 물건이나 별난 물건, 사진, 게시물, 다양한 자료들)을 위한 실습실에서의 활동 • 원예 실습실, 날씨
배우고 싶은 욕구	• 읽기 · 쓰기 · 수학 활동
시간과 공간 안에 위치하고 싶은 욕구	• 시간과 공간의 기준을 주는 활동, 역사와 지리적 공간에 민감해지기
창조에 대한 욕구	• 손을 사용하는 활동, 자유화, 예술 활동
상상에 대한 욕구	• 동화 · 동시 · 그림 • 놀이 공간에서의 활동

평일에 유치원 교사의 역할은 무엇인가?

교사의 역할은 다양하다:

공간을 구성한다. 우리는 교실을 방문하면서 시설의 구성과 다른 여러 공간들과 실습실의 분배, 그리고 미적 추구가 중요하다는 것을 금방 알 수 있다.

시간을 관리한다. 시간표를 살펴보면, 유아들의 신체적인 욕구뿐만 아니라 지적 욕구에 대해 주의를 기울인 것을 알 수 있다.

관찰한다. 유아들에게 각자의 능력에 적합한 활동을 권하기 위해서, 성인들은 유아들의 반응·생각·질문을 주의 깊게 관찰해야 할 것이다.

관계를 도와 준다. 교사는 유아들이 안심할 수 있도록 항상 차분하게 자리를 지키면서, 성인과 유아들의 관계뿐만 아니라 유아들간의

관계가 더 쉽게 이루어지도록 노력한다.

유아들의 소질을 드러나게 해주고 자극한다. 마련된 시설, 선택된 활동, 다양한 경험을 이용해서 교사는 반응과 호기심을 자극하고, 유아들이 자신들을 둘러싼 세계에 민감해지도록 한다.

훈련을 지도한다. 교사는 모든 유아들이 자신들의 속도에 따라 능력을 개발하도록 하며, 읽기·쓰기·수학 활동을 이끈다.

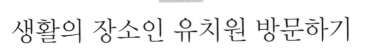

생활의 장소인 유치원 방문하기

안내서 참고

유치원의 특징은 독창성이다. 그러나 오래되었든지 최근에 설립되었든지 간에, 도시에 있든지 시골에 있든지 간에 유치원은 모두 공통점이 있다. 나는 유치원에 대한 이 글이 부모로서 자녀의 교실을 잘 관찰할 수 있고, 아이가 돌아와서 당신에게 말하는 것을 보다 잘 이해하는 데 도움이 되길 바란다.

안내서를 참고하라!

유치원 안에 들어갔을 때, 초보 교육을 받지 않은 사람을 놀라게 하는 것은 바로 장식에 대한 걱정과 미적 추구이다.

놀이방은 종종 학교 중심부에 있다. 놀이방은 일반적으로 잘 갖추어져 있어서 유아들이 음악에 대하여, 그리고 도구(작은 상자 · 공 · 굴렁쇠 · 작은 가방)를 갖고 노는 데 있어서 발전하도록 해준다. 마찬가지로 안마당도 잘 정돈되어 있다. 즉 안마당에는 나무로 만든 장애물, 선회 미끄럼틀, 적교, 함정 또는 땅에서 하는 놀이(돌차기 · 길 따라가기)가 갖추어져 있다. 또한 안마당은 시간이 허락할 때 신체 활동을 위한 장소이다.

유치원 **식당에서** 육각형이나 팔각형 또는 직사각형의 식탁은 유아들이 6명이나 8명씩 모이도록 한다. 이곳에서 셀프서비스에 대한 어떤 시도가 이루어진다. 벽에는 식단이나 구미를 돋우는 음식의 그림, 게시물이 붙어 있어서 음식 섭생에 대한 기초를 가르칠 수 있다. 식당 입구에는 종종 2-4세반과 4-5세반 유아들이 그림을 그리고, 5-6세반에서 글씨를 쓴 식단표가 붙어 있다. 이 식단표는 학부모들에게 배부된 일주일 식단표를 보완하는 것이다.

교실에 들어가 보면, 교실은 놀이 공간과 실습실뿐만 아니라 재편성을 위한 장소가 있는 다양화된 생활의 장소임을 알 수 있다.

놀이 공간

유치원을 가장 특징짓는 것이 바로 반에 따라 다르게 구성된 매력적인 놀이 공간이 있다는 것이다. 그 가운데에 다음과 같은 모방 유희를 위한 공간이 있다:

— 주방, 방, 가게.

— 차고.

— 분장실.

실습실, '작업실' 이라고도 하는 이 실습실은 유아들간에 의사소통을 하고 사회화를 경험하는 가장 훌륭한 장소일 뿐만 아니라, 그곳에서 유아 각자는 자신의 학습 속도에 따라 활동할 수 있어 모든 분야에서 조화롭게 발전할 수 있다.

다음과 같이 이름 붙여진 실습실들이 있다: 탐구-언어, 도서관, 읽기, 쓰기-필체, 수학, 공예, 그림 그리기, 색칠하기, 수조작 활동…….

실습실의 구성 · 시설 · 목표 등은 이후에 설명할 것이다.

재편성을 위한 공간

이 재편성 공간은, 일반적으로 교실의 분위기가 나면서도 반갑게 맞이하는 안락한 연계망을 형성할 수 있는 곳에 위치한다. 이곳은 계획을 시작하고 지시하고, 노래·셈노래를 함께할 수 있는 언어의 단체 활동 장소이다.

공동 침실: 2-4세반에 부속된 대기실을 말한다. 대개 양탄자가 깔려 있는 이 공동 침실은 유아들로 하여금 기분 좋게 느끼도록 꾸미는데, 아이들은 각자의 침대와 친근한 털이 만져지는 동물 인형을 발견한다. 이 방은 오전 활동 장소로 사용될 수 있다.

어떤 유치원에서는 다른 공간에 공동 침실을 마련한다:

— 아픈 유아들이 부모를 기다리는 동안 쉴 수 있는 탕약 조제실 (보통 양호실이라고 부른다).

— 교직원실.

— 유치원의 비디오실이나 도서관.

가구와 시설

장소와 가구·시설은 엄격한 법에 따라 갖추어져야 한다. 프랑스에서는 안전 기준이 매우 까다롭다. 가구는 유아들의 키에 잘 맞아야 하며, 쾌적함과 미에 대한 추구는 모든 시설이 갖추어야 할 것들의 기준이 된다.

장식

앞에서 말했듯이, 유치원 교실의 문을 열었을 때 방문객들은 종종 장식에서 나타나는 미에 대한 추구에 놀란다. 게시물, 복제품, 모빌, 유아가 그린 그림, 천연 물질…….

게시물

게시물에는, 예를 들어서 다음과 같은 것들이 있다:
— 유아들의 생일.
— 시간표.
— 셈노래, 노래, 유아가 배우는 동시.
— 진행 일정표.
— 유아들이 이용하는 여러 가지 게시물.
— 계획에 관계된 그림과 모든 상품.

쾌적한 유치원

교사는 이 문제에 관심을 갖고 유치원 환경을 쾌적하게 만들고자 노력한다. 여기에 몇 가지 예가 있다:
— 겨울에는 미지근한 물이 통에 가득 담겨 있다. 유아들이 사용할 수 있도록 긴 앞치마 · 수건 · 걸레가 준비되어 있다.

— 합성수지로 된 앞치마와 토시는 색칠할 때 사용된다.

— 편리하게 사용하도록 주방-실습실에 앞치마를 비치한다.

— 유아들은 종이 냅킨을 사용할 수 있다.

— 의자는 탁자 높이에 맞춰져 있다.

— 쉬고 생각할 수 있도록 쿠션과 양탄자가 준비되어 있다.

— 유아들은 더러워진 후에 닦을 수 있고, 조끼를 벗을 수 있고, 물을 마시러 갈 수 있고, 수업중에 여러 자세(앉거나, 무릎을 꿇고 앉거나, 눕거나)를 취할 수 있다.

유치원에서의 낮잠 시간

● 누가 자는가?

2-4세 사이의 유아들(2-4세반) 또는 피곤한 유아들이 낮잠을 잔다. 예외적으로 당신의 자녀가 밤잠을 조금밖에 못 잤을 경우, 그것을 교사에게 알리면 생각해 두었다가 가능한 시간에 아이를 쉬게 할 것이다.

신학기가 시작될 때, 생후 3년 9개월 된 조지는 4-5세반에 들어간다. 조지는 할머니에게 전화를 걸어 다음과 같이 이야기한다:

— 피곤해요, 피곤해요…….

— 왜?

— 저 지금 4-5세반이라서요!

조지는 직관적으로 더 이상 낮잠을 자지 않는 4-5세반의 신분을 이해했다. 일찍 일어나고, 유치원에서 점심을 먹는 조지의 피로를 이해한 교사는 처음 1/3학기 동안 조지에게 낮잠을 허락했다. 1월에, 나이를 한 살 더 먹고 잘 필요도 자고 싶은 욕구도 생기지 않을 때, 조지는 친구들과 오후 활동에 참가할 것이다.

마찬가지로 2년 6개월 된 (매우 드문) 몇몇 유아들은 더 이상 낮잠이 필요치 않고, 유치원의 구조가 허락한다면 한구석에서 조용한 놀이에 끼어든다.

● 어디서 자는가?

공동 침실에서 잔다. 공동 침실이란 대부분 교실과 통해 있고, 특별히 안락하게 만들어진 방을 말한다. 그곳에 마련된 접이식 개인 침대나 스펀지로 된 매트리스는 위생적이고 편안하며, 베개와 이불도 갖추어져 있다.

● 어떻게 자는가?

신발과 꼭 끼는 옷은 벗는다. 공동 침실에서, 유아 자신의 인형을 들고 각자의 침대로 간다! 유아는 집에서와 같은 습관이나, 또는 다른 습관을 가질 수 있다. 자명종이 울리고, 성인은 아이들이 취침에서 깨어날 때처럼 자연스럽게 일어나기를 기다린다.

교사는 낮잠 시간을 이용해서 평소와 다른 태도를 보인 유아들과 개별적으로 대화한다. 유아들 중에서 쉽게 잠을 깨는 아이들을 구별할 수 있다. 이 아이들은 즉시 교실 한구석에서 놀이를 하게 하거나, 작은 그룹으로 밖에서 놀이하도록 한다. 어렵게 잠을 깨는 유아들도 있는데, 이 아이들은 천천히 옷을 입고 여유 있게 다른 유아들과 다시 만난다. 낮잠을 잔 후에 하는 활동은 유아들에게 더 유익하다:

잠은 시간을 헛되이 보내는 것이 아니다.

모든 좋은 의도에도 불구하고, 구조의 제약으로 인해 각자에 맞게 낮잠을 자지 못하는 것이 사실이다. 실제로 낮잠 시간이 일정한 나이에는 맞지 않을 수 있다. 잠은 개인적인 요소이고, 따라서 잠이 많은 유아들은 분명히 다른 아이들보다 오후가 시작될 때 잠잘 시간이 더 필요하다.

유치원 교실에는 종종 양탄자와 쿠션이 비치된 구석이 있어서 쉴 수가 있다.

● 그렇다면 집에서는? 잠의 중요성에 대하여

당신은 유치원 벽에서 건강 담당 프랑스교육위원회가 제작한, 바쁜 성인이 데리고 다니는 어린 여자아이를 소개하는 게시물을 관찰할 수 있었을 것이다. 거기에 다음과 같이 분명하게 적혀 있다:

"늦게 잠들면 하루를 망친다."

아침에 유치원 근처에서 종종 이런 모습을 본다. 실제로 잠은 유치원에서 자녀가 안정을 유지하는 데 없어서는 안 될 요소이다.

피곤한 유아는 투덜거리며 일어나고, 우는 시늉을 낸다……. 그리고 피곤해서 짜증난 유아는 집중력이 떨어지고, 움직이지 않거나 반대로 호전적이 된다…….

유아는 잠을 충분히, 그리고 잘 자야 할 필요가 있다. 평균적으로 유치원에 다니는 유아는 동요 없이, 자명종이 조용히 울려 깰 때까지 11시간 정도 잠을 자야 한다! 하루에 유치원에서 또는 집에서 할 일들을 자녀에게 설명할 시간을 가져라.

당신의 자녀는 잠이 많은 편인가, 아니면 적은 편인가? 우리가 보았듯이, 유아의 잠은 개인적인 특성에 의해 나타난다. 실제로 어른들과 마찬가지로 아기들이나 유아들도 잠자는 시간이 다양하다. 당신은 잠에서 깨어나 활동하기까지 5분이 필요한가, 아니면 보다 긴 시간이 필요한가?

만약 당신이 아직 자녀의 잠의 특성을 발견하지 못했다면, 당신의 자녀는 잠이 적은 편인지 많은 편인지 어떻게 아는가? 사실 우리는 사회적 일과에 쫓겨서 어쩔 수 없이 자신의 특성을 거슬러 생활하고 있다!

모든 가족이 휴가를 갖는 동안, 며칠을 이용해서 자녀의 잠의 특성을 알아보라. 당신은 아마도 새로운 사실에 놀랄 것이다! 만약 당신과 당신의 남편이 잠이 많은 편이라고, 자녀들 역시 잠을 많이 잘 거라고 너무 기대하지 마라. 당신들만큼 많은 시간의 잠이 필요치 않을 수 있다. 아마도 활동적이고 기분이 좋아서 방으로 달려와 당신들을 깨울 것이다.

모든 형태의 경우가 가능하다. 몇 년 전부터 연구자들은 이 문제에 대하여 연구했고, 이 분야에 있어서 어떤 유전적 성격도 밝혀내지 못했다.

유아가 저녁에 자러 가려고 하지 않는다

부모가 책[1]을 읽어 주는 경우나, 유아가 보낸 하루에 대해 이야기하는 것을 들어 주는 경우(또는 부모가 보낸 하루의 이야기를 흥미있게 듣는 유아의 경우)는, 일반적으로 유아가 자러 가는 데 까다롭게 굴지 않는다. 특히 유치원에 가지 않는 전날은 텔레비전을 볼 수 있다는 것을 아는 경우도 마찬가지이다.

모든 유아들마다 잠자는 습관이 있다. 어떤 유아들은 손가락이나 천조각을 빨며, 곰인형을 팔에 꼭 껴안는다. 또는 들은 이야기를 생각하거나, 작은 전등빛 아래에서 자장가를 들으며 잠이 든다⋯⋯. 당신의 자녀는 한밤중에 잠꼬대를 하고, 갑자기 눈을 크게 뜨고 소리지른다⋯⋯. 당신은 아이를 안심시킨다. 만약 이러한 일이 너무 자주 되풀이되면 의사에게 찾아가고, 아이가 낮잠을 자는 유치원에 알린다.

---

1) 특히 잠드는 것을 도와 주는 책들:
— 《윌윌》, École des Loisirs.
— 《니콜라, 잠잘 시간이다》, Flammarion.
— 《잠자리에 드는 시간 만세!》, Albin Michel.
— 《잘 자요 달님》, École des Loisirs.
— 《내 침대 밑에 괴물이 있어요》, Éditions Garnier.

교실에서의 하루 리듬을 따라갈 수 있도록 자녀를 어떻게 도울 것인가?

몇 가지 지켜야 할 간단한 예방책이 여기에 있다:

— 조용한 기상, 풍성하고 즐거운 아침 식사를 준비한다.

— 유치원에서 유아를 맞이할 때 몇 분간 머물면서 뽀뽀를 해줄 수 있도록 시간을 갖는다. 이것은 유아들에게 매우 중요하다. 가끔 바쁜 성인들은 이런 점을 생각하지 않는다.

— 교실에서의 하루가 끝난 후 맛있는 간식과 조용한 활동, 적절한 낮잠 시간을 갖게 한다.

유아가 수요일과 일요일에 모자라는 잠을 보충할 수 있다고 생각하는 것은 잘못된 생각이다.

자율의 필요성

당신의 자녀는 성인에게 의존하는 것을 벗어날 필요가 있다. 당신의 자녀가 조금씩 자립하고 자발적이 될 수 있다는 것은 중요하고, 또 당연한 것이다. 이따금 아이의 성장을 받아들이기가 어렵다. 그렇지만 책임감을 키워 주는 것은 절대 필요하다. 자녀는 당신과 주변 사람들에게 전적으로 의존했었다. 걸음마를 배우고 말을 배우면서,

자율 단계의 지표	
유아에게 주변을 발견하고 탐구 하게 하는 것	— 네 발로 기기 — 걷기
의사소통하게 하는 것	— 말하기
어느 정도의 자립을 하게 하는 것	— 옷입기, 씻기 — 장난감 정리

아이는 자립 수단을 마음대로 이용할 수 있고, 이 자립하는 과정에 있어서 당신은 자녀를 더 도와 주고 격려해 주어야 한다. 자녀에게 있어서 커간다는 것은 중요하고, 이러한 변화는 신체뿐만 아니라 식별할 수 있는 외적 표시에 의해서도 나타난다.

다음과 같이 하는 것이 중요하다:

— 유아에게 말을 걸 때 정면에서 바라본다.

— 혼자서 옷입기, 화장실 가기, 밥먹기를 가르치면 유아는 유치원에서 보다 편안해질 것이다.

— 유아에게 옷이나 장난감을 고르게 한다.

— 유아의 미래에 대해 이야기해 준다.

— 유아의 아주 작은 몸짓에 경탄하지 않는다(아이는 속지 않는다).

— 유아를 모성애로 대하지 말고, 과잉보호하지 마라.

유아는 자기와 다른 아이들의 차이점을 알고, 구별하는 것이 필요하다: "유아는 서로 대립하면서 태도를 취한다."

● 이러한 자율의 필요성에 유치원은 어떻게 부응하는가?

• 모든 반에서, 2-4세반에서도 다양한 형태로 장식된 종을 울려 아침을 시작한다. 유아는 자기의 성과 이름, 다른 아이들의 이름을 알고 있고, 다른 아이들 역시 마찬가지이다.

• 교실에, 그리고 체육실에도 거울이 있어서 관찰에 의해 몸짓과 갖가지 얼굴 표정을 비교할 수 있고, 자기 자신을 알게 된다.

• 영아들은 사진을 보고서 자기 자신을 알게 하고, 큰 아이들은 성인들의 신분증을 관찰한 후 자신들의 신분증을 만들어 보도록 한다. 유아들이 만든 신분증들은 외출이나 반 전체 산책을 할 때 사용할 수 있다.

• 4-5세반과 5-6세반은 자신의 초상화를 그려 본인의 특징을 관찰하게 한다.

사회화는 유치원이 갖고 있는 목표 가운데 하나이다. 영아들은 본능적으로 다른 아이들에게 다가가려는 몸짓을 한다. 예를 들어 장난감을 주고, 껴안으며, 달래고, 손을 내미는 등, 이러한 몸짓들이 사회화의 시초이다. 유치원에서는 놀고, 생활하고, 의사소통하고, 그림 그리고, 공연 보는 등의 모든 것들을 유아들이 함께하도록 가르치는 데 힘쓴다.

● 이러한 목표에 있어서 당신의 자녀를 어떻게 격려할 것인가?

당신은 다음과 같이 할 수 있다:

— 자녀에게 성과 이름을 가르쳐 준다.

— 자녀는 주체적 존재인 동시에 가족의 일원임을 보여 준다.

— 모습을 거울에 비춰 보면서 자기 자신을 알도록 한다.

— 자녀가 아기였을 때의 사진을 보여 준다.

— 주소를 가르쳐 준다.

— 이름 대신에 '나'를 사용하도록 한다. 당신 자신도 '엄마'나 '아빠' 대신에 '나'를 사용하라.

— 다른 유아들과 같이 놀며, 자신의 장난감을 함께 쓰고, 단체 활동이나 축제 등에 참석하도록 가르친다.

내 아이를 돌봐 주는 성인들은 누구인가? 그들 각자의 역할은?

● 유치원 원장

유치원 원장의 역할은 다양하다:

— 유치원이 잘 운영되고 있는지, 법규를 잘 지키는지 주의한다.

— 유아가 입학할 때 부모를 만난다. 물론 유아는 유치원과 교실을 방문하는데, 면담 때 유치원의 내부 규칙에 대하여 말해 준다.

— 유아들을 맞아들이고 감독하는 일뿐만 아니라 가족들과의 대화를 계획하고 준비한다.

― 교사회의 의견을 들은 후에 유아들이 소속될 반을 정한다.

― 구청 직원의 일, 특히 유치원의 일반공무원의 일을 조직한다.

― 원장이 의장이 되는 학교위원회의 학부모 대표를 선출하는 일을 준비한다.

― 교사진을 고무한다.

― 지방 행정당국과 협회와의 일을 담당한다.

작은 규모의 유치원인 경우에 간혹 원장이 하루 종일 수업을 하고, 더 큰 유치원에서는 하루에 분할된 수업을 한다.

● 교 사

초등학교와 유치원에서 일하기 위해 같은 책무가 요구되는지는 잘 모르겠지만, 교사 양성의 일관성은 '프랑스 체제의 독창성과 힘'을 만드는 데 있다.

수업을 하는 동안 교사들은 공간을 구성하고, 시간을 관리하며, 다음과 같이 다양한 활동을 권한다:

― 유아들의 욕구에 부응하는 활동.

― 국가의 지도를 따르는 활동.

― 앞서 획득한 지식으로 뒷받침되는 활동.

― 학급의 유아들 각자의 서로 다른 능력에 맞추어진 활동.

교사들은 수업에 앞서서 정해진 목표에 이르기 위해 목표와 자료를 생각하고, 이를 잘 실행할 것을 생각하면서 하루를 준비하고, 수업이 끝난 후에는 유아들의 태도와 행동, 시작한 활동들을 평가한다는 것을 알아야 한다. 그리고 교사들은 과정교사회에 참석한다. 교사는 공무원이고, 국가가 보수를 지급하며, 교사의 양성은 사범대학에서 이루어진다.

● 유치원의 일반공무원

유치원 정문에서 교사들과 함께 유아들을 맞이하는 사람들을 종종 볼 수 있는데, 이들이 바로 일반공무원이다. 이들은 외출 전에 유아들의 옷을 입히고, 말썽이 일어난 후에는 유아의 옷을 갈아입히고, 식사를 준비하고, 낮잠 시간을 돕고, 유치원의 청결을 관리한다. 이들은 구청에서 임명한 구청 소속 공무원이며, 시에서 보수를 받는다. 이 공무원들은 유치원 구성 요소의 일부이다.

● 오락 진행자

당신의 자녀가 특별 활동 교실에 다닌다면 그들을 잘 알 것이고, 이들은 연수 후에 특별한 졸업증서를 획득한 자격을 갖춘 사람들이다.

● 장학관

장학관은 관구를 담당한다. 즉 대도시 지역의 경우에는 단 하나의

구, 또는 규모가 작은 여러 구들에 분산되어 있는 초등학교와 유치원을 총괄해서 담당한다.

● 교육고문

선임 교사인 이들은 초기 양성과 계속해서 반복되는 연수를 담당한다. 또한 이들은 초임 교사들이나 새로운 시도를 실행하는 고참 교사들을 돕는다.

● 교사 양성

현재 학사자격증을 가진 교사들을 모집하는데, 단기 사범대학 1학년은 서류전형으로 모집하고, 2학년은 시험으로 뽑는다. 유아들에 대한 지식을 얻기 위해 이론 수업과 실기 수업이 이루어지고, 교육학과 교과 내용에 대한 수업은 여기에서 면제된다.

● 내 아이의 교사가 아프거나 연수중일 때 누가 교사를 대신하는가?

대부분의 임금 근로자들처럼 교사들은 지속적인 양성 교육과 산후 휴가, 병가를 요청할 권리가 있다. 정식 유치원의 모든 교사들은 대리근무조를 구성한다. 종종 교사들은 대리근무를 선택하는데, 이들은 새로운 유치원을 발견하고 항상 같은 곳에 머무는 것보다 다른 원반의 유아들 곁에서 며칠 동안 대리교사로 있는 것을 선호한다. 이 일은 흥미있고, 애착이 가는 일일 수 있다. 물론 대리교사들은 동료 교사들과 마찬가지로 자격이 있다.

정보: 가정-유치원의 관계

유치원이 문을 활짝 열고 있다는 명성은 다음과 같은 이유에서 당연한 것이다:

— 유아들의 나이.
— 부모들의 걱정.
— 항상 매우 중요했던 인간 관계의 측면.
— 체험 학습, 축제와 같은 활동이 있을 때 부모들의 참여.

● 홍보 회의

이 모임에서 아래의 사항을 상세하게 알려 준다:

— 유치원 규칙.
— 계획.
— 유아에게 제시하는 활동들.

당신은 자녀가 등원할 때보다 더 꼼꼼하게 자녀의 교실을 둘러볼 수 있고, 놀이 공간이나 실습실·게시판·도서실의 책들에 대해 질문할 수 있고, 다른 부모들이 던지는 질문들도 들을 수 있다.

또한 유치원에 따라서 비디오(현장 학습·축제 등)를 시청하거나, 또는 교사·전문가 및 다른 부모들과 함께 낮잠의 중요성이나 텔레비전의 올바른 시청에 대해 생각하고 의논해 볼 수 있을 것이다.

유치원을 '일반 공개' 하는 날도 있을 수 있다.

● 알림장

알림장은 유치원과 부모를 연결시켜 준다. 신학기에 다음과 같은 사항을 알림장으로 알려 준다:

— 자녀가 속한 반.

— 자녀의 담임 교사 이름.

— 몇 가지 권고 사항: 편안한 옷을 입힌다. 멜빵이나 어린이가 혼자서 옷을 입고 벗는 데 복잡한 단추가 있는 옷은 피한다. 장신구를 지니지 않으며, 단것을 주지 않는다. 정시에 자녀를 데리러 온다.

1년 내내 체험 학습이나 인형극 공연, 사진기사 내방, 축제, 그리고 부모에게 바라는 교사의 바람 등을 알려 줄 것이다.

당신은 알림장을 받아 보았을 때, 교사가 당신이 읽었다는 것을 알 수 있도록 매번 서명을 해야 할 것이다. 이 알림장은 유아의 눈에는 매우 중요한 것으로, 유아의 공책이다. 그렇기에 아마도 겉장을 꾸밀 것이고, 아이는 전달 내용을 알고 있어서 분명히 당신에게 왜 알림장을 보여 주는지를 설명할 수 있을 것이다.

만약 당신이 맞벌이를 하거나 교사를 만나는 데 어려움이 있다면: 공통의 시간에 일치되도록 노력하라. 그러면 조정이 가능하다. 당신처럼 교사도 당신의 자녀에 대해 이야기 나누기를 원한다. 그리고 회합에 참석하도록 노력하라. 학부모회는 보통 신학기에 있다.

● 셈노래집, 노래집, 동시집, 생활사진첩

많은 유치원에서 유아들이 꾸미고 배운 작은 교재와, 셈노래를 모은 책을 가정에 맡긴다. 그런데 이 점을 잘못 생각하지 마라. 이 모음집은 자녀와 당신에게 매우 중요하다. 이것으로 자녀와 함께 집에서 셈노래를 복습할 수 있을 것이고, 그 점에서 유치원과 당신 사이에 중요한 감정적인 관계가 이루어진다.

어떤 학급에서는 교사와 유아들이 사진첩을 만든다. 종종 부모들에게 맡겨질 수 있는 이 사진첩에는 교실 생활과 교실에서 이루어지는 활동, 작은 말썽 등이 나타나 있다. 이 사진첩에 있는 흔적으로 진행되고 있는 계획이나 주제 및 발전 여부를 알 수 있다. 따라서 사진첩은 유치원과 부모 사이의 촉지할 수 있는 끈이다. 사진첩은 어린아이라도 말하게 하고, 쓰기와 읽기를 깨닫게 하며, 또한 맞벌이 부모 및 교사를 만날 시간이 없는 부모들에게 교실 생활을 알게 해준다.

● 게시판

게시판을 관심 있게 보라. 게시판은 체험 학습이나 축제에 대해 알려 줄 뿐만 아니라 당신의 참석을 요청할 수 있다. 예를 들어 손으로 하는 활동을 위한 재료 준비(휴지·포장 상자), 또는 놀이 공간을 꾸미기 위한 재료 준비(헌 옷, 오래된 가방…… 분장실을 위해)를 요청할 수 있다. 또한 교육위원회의 선거일이나 방학 날짜도 게시판에 나타나 있다.

● 어떤 활동을 할 때 교사가 당신에게 도움을 청한다. 당신의 역할은 무엇인가?

유치원에서, 시간이 있는 부모들에게 활동을 돕거나 참가할 것을 요청한다. 당신은 다음과 같은 일을 할 수 있다:

— 체험 학습, 학급 산책 때에 동반한다(자녀는 자기가 속해 있는 반보다는 다른 반과 동반해 주기를 더 원할 수 있다).

— 준비하는 것(옷 입는 것)을 돕기 위해서, 수영장이나 스케이트장에 가는 학급과 동반한다.

— 도서관 활동을 돕는다(분류, 사진첩의 수리, 대출).

— 조형예술 작업실이나 수공업 작업실에서의 활동을 돕는다.

— 학교협동조합의 운영을 돕는다.

— 축제에 참가한다(케이크 만드는 것을 돕는다).

— 학교신문 만드는 것을 돕는다.

의문 사항들

나는 책임을 지는가?

당신의 책임은 면제된다(명백한 실수는 제외!). 교사와 정부가 유아들을 책임지고 있다. 그러나 만약 당신이 사고로 희생된 경우, 노동재해처럼 여겨지지 않을 수도 있다(모든 자원봉사자들의 경우처럼).

나는 학교가 권한을 이용하도록 할 수 있는가?

그렇다. 하지만 장학관의 동의가 필요하다.

체험 학습…… 당신의 자녀는 어떤 체험 학습에 참여할 수 있는가? 왜 필요한가?

학급 산책, 견학, 체험 학습은 학교 활동의 일부분이다. 체험 학습은 가깝거나 혹은 좀더 먼 주위의 환경을 발견하고, 학습 계획을 실행하는 것을 목적으로 한다. 당신이 자녀와 외출을 많이 한다 하더라도, 이때의 발견과 재발견은 다른 유아들과 함께하고 교사가 인솔하기 때문에 완전히 다른 차원의 것이다.

체험 학습 전

먼저, 준비해야 할 것은 용구일 것이다. 날짜가 정해져 있기 때문에 유아들은 교사들의 도움을 받아 부모에게 전달할 정보를 작성할 것이고, 날씨에 따라 입을 옷을 찾을 것이며, 체험 학습(숲 속 산책, 박물관 방문)의 종류과 교통 수단 그리고 자료 수집을 위해서 필요한 도구들(사진기 · 녹음기), 채집한 것(밤 · 나뭇잎)을 넣을 가방, 그리고 혹은 소풍도 결정한다. 또한 유아들이 관찰 범위를 정하고 문제를 제기하는 것도 이 준비 과정에 포함되어 있다. 따라서 단체 활동을 하는 동안 준비가 이루어지는데, 이때 교사는 다음과 같이 한다.

— 지도할 관찰과 관련된 자료나 물건을 보여 준다(제과점에 갈 경우에 빵을, 박물관에 갈 경우에 예술품의 복사물, 숲 속 산책으로 결정했다면 자연에 관한 게시물이나 사진첩).

— 유아가 기억을 더듬어서 보았거나 찾았다고 생각하는 것들에 대해 물어본다. 이로써 유아들은 당신과 함께 보고 질문하는 습관을 갖는 것에 대해 납득할 것이다.

— 자발적인 성찰을 반복해 정리해서 조사할 질문들을 만든다. 예를 들어 실망스러운 결과를 가져오는(또는 불완전한 정보나 전문서적에서 얻은 이해하기 어려운 정보) 약간 무모한 식목과 같은 원예 계획에 있어서, 현실적으로 필요한 질문과 정보는 정원사(아빠, 이웃, 시의 정원사)의 도움을 받아 해결한다. 유아들의 질문을 성인이 받아쓸 것이다.

체험 학습 동안

유아들은 자유롭게 표현하며, 사진 찍고, 소중한 것들을 모으고, 성인들은 무르익은 생각들을 녹음하거나 받아쓴다. 당신도 할 수 있는 학습 동반자들은 유아들에게 보고 싶은 것을 선택하는 방법을 가르쳐 주고, 호기심을 자극하며, 좀더 큰 아이들에게는 조사하는 정신을 불러일으키도록 노력할 것이다.

체험 학습 후

많이, 그리고 다양한 영역에 유아들과 성인들의 개성이 담긴 채 활용될 것이다. 처음 주목하게 되는 것이 있을 것이고, 그 다음에 모은 자료들이 활용되고 게시되며, 그리고 나서 예를 들어 사진 보고, 식물 표본, 사진첩, 작은 전시회, 또는 밤 시식 등을 통해서 현실화될 수 있을 것이다.

체험 학습의 몇 가지 예:
— 지역 방문(주택 관찰, 상점 및 상점 간판 관찰……).
— 장인의 상점이나 제과점 방문.
— 농가, 채소밭 방문.
— 동물원, 자연공원 방문.
— 역 방문.
— 성 방문.
— 박물관 방문.
— 전시회 관람.
— 과수원에서 과일 따기.
— 숲 속 산책.
— 다른 유치원 방문.
— 바닷가에서의 하루.

우리는 가끔 "유치원에 있는 것이 더 나을 텐데"라고 말하는 것을 듣는다. 그러나 만약 당신이 이 체험 학습들 중 하나에 동반할 기회가 있다면, 자녀가 체험 학습에 대해 이야기하는 것을 듣는다면, 당신은 소양이 풍부하게 쌓이는 학습 방법임을 느낄 것이다.
몇 년 전부터 초등학교에서도 탐구 학습이 증가됐다:

— 스키 교실.

— 바다 교실.

— 문화유산 교실.

— 승마 교실.

— 천문학 교실.

— 유럽 교실.

기술도 변하고, 삶의 방식도 변하고, 유치원도 변했다.

탐구 학습

구청이나 교사에 의해 계획되는 이 탐구 학습은 3일에서 3주간 동안 계속될 수 있다.

● 시간표는 어떻게 짜여지나?

시간표는 연이어서 전개된다. 기상, 아침 식사, 학습 활동, 점심 식사, 신문 읽기(아주 좋아하는 시간), 탐구 학습에서의 특별 활동(견학, 주변 산책) 등이 이어진다.

● 어떤 행보, 어떤 활동인가?

— 탐구 학습 전: 숙박을 위해 시골이나 도시의 유아들과 연락, 여행 준비를 한다.

— 탐구 학습 동안: 날씨와 더불어 앨범 만들기, 식사(식단표 대장), 일어난 일, 우편물 수취, 방문 보고서, 산책, 익숙한 운동.

— 탐구 학습 후: 자료 활용: 사진, 설명서(해설, 접이식 도록) · 표본 · 수집품 만들기.

● 어떤 준비? 무엇을 가져가야 하나?

— 지역에 따라 옷가지가 필요할 것이다. 물론 옷에는 유아들의 이름을 써넣어야 한다.

— 홍보회의에서는 유아들과 부모들에게 이처럼 떨어져 있게 되는 것을 차분하게 준비시킬 것이다. 몇몇 유아들의 경우는 난생 처음 집 밖에서 자게 될 것이다. 부모는 신뢰하는 자세로, 이 탐구 학습이 가능한 한 가장 이롭게 될 수 있는 방법으로 자녀의 숙박을 준비하라. 그리고 자녀에게 편지를 써라. 유치원에 매일 간단한 알림판이 마련될 것이므로 안심하라:

> "모두 잘 도착했습니다. 날씨는 좋습니다.
> 우리는 아주 즐겁게 지내고 있습니다.
> 아무도 감기에 걸리지 않았습니다."

학부모회

유치원 밖에 게시판이 있어서 학부모회에서 정보를 제공할 수 있게 해준다. 이 게시판을 통해 학부모회의 모임을 소집할 수 있다. 학부모회는 유치원의 중요한 구성 요소이고, 시설을 수리하거나 식사를 개선하는 문제가 있을 때 아주 적극적으로 활동할 수 있다.

육성회는 왜 필요한가?

여기 몇 가지 유익한 정보가 있다:
— 육성회비의 납부는 의무가 아니라 선택이다.
— 회비는 일반적으로 한 학년에 여러 번 나누어서 낸다.
— 경영은 투명하고, 회계 기능은 종종 교사가 담당한다.
— 육성회의 기능은 유치원 생활에 기여하는 것이다.
— 회비는 생활 환경의 개선, 유아들의 쾌적한 생활(놀이기구 구매, 간식 개선, 체험 학습, 인형극 등)을 가능케 한다.
— 육성회는 회비 외에 달리 수납될 수 있다(축제 용품, 자선 바자 용품).
— 당신은 검토중인 계획에 대해 질문할 수 있다.

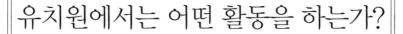

유치원에서는 어떤 활동을 하는가?

유치원에 국가의 교육 지침이나 학습 계획이 있는가?

목 표

유치원은 체계적이고 교과에 따른 교육의 장소가 아니다. 따라서 초등학교가 학습 계획이 갖추어졌다는 의미에서 보면, 유치원은 그렇지 않다. 그러나 1881년 유치원은 초등학교에 통합됐고, "유치원은 다수의 유아들이 은총 속에, 인도의 정신 안에서 신체적·정신적으로 건강하게 성장할 수 있는 시설이다." 1955년, 유치원에서는 "동화와 관찰, 또는 다른 작업에 대해 훈련을 집중시키고, 정부의 학습지도 방향을 고려하며, 자발적인 정신과 교사들의 현실성을 잊지 않고, 계획을 환경과 유아들에게 맞추어야 한다"라고 기재할 수 있었다. 1986년에는 **유치원의 운영 지침**이 선보였다.

유치원의 일반적인 목표는, 유아의 모든 능력을 개발해서 인격을 형성하게 하고, 유치원과 인생에서 성공하는 최고의 기회를 제공하는 데 있다.

유치원의 주된 목표는 취학과 사회화를 위한 습득과 연습을 시키는 것인데, 이는 신체 활동, 의사소통, 구두 표현과 서면 표현, 예술과 미학, 과학과 기술 등의 분야에서 이루어진다

1990년, 초기 학교의 과정들은 제1과정에서 획득하는 능력을 알려준다.

1995년, 유치원의 학습 계획은 크게 5개 분야로 정리됐다:
- 공동 생활 익히기.
- 말하기를 배우고, 언어 습관을 확립한다. 쓰기의 초급 단계를 배운다.
- 생활 예절 배우기.
- 세상을 발견하기.
- 상상하고, 느끼고, 창조하기.

학습 과정은 정기적으로 현실화된다. 당신은 국립교육자료연구소의 인터넷 사이트에서 정보를 얻을 수 있다.

놀이는 유익한가?

놀이는 단지 유익할 뿐만 아니라 꼭 필요한 것이다. 놀이는 유아들의 일이라고 감히 말할 수 있다. 놀이는 유아가 스스로 만들어 나가고 발전하는 데 절대적으로 필요한 것이다.

당신의 자녀는 상차리기, 인형 산책시키기, 아침 식사 준비하기, 시장 보기 등의 놀이를 한다.

유아는 자기가 아는 것을 **모방한다.**

당신의 자녀는 머리에 거르는 기구인 체를 얹고서 우주비행사 놀이를 한다!

아이가 가면을 쓰고서 쾌걸 조로 놀이를 한다!

유아는 상상한다. 소품만으로도 다른 사람이 되기에 충분하다.

당신의 자녀는 길 위에서 장난감 자동차를 가지고 논다. 아이는 차를 몰고, 경주를 한다.

유아는 모방하고 상상한다.

당신의 자녀는 멋진 도시들을 생각해 내어 짓고 부수며 날 수 있는 놀라운 공작물을 만든다.

유아는 창조하고 상상한다.

당신의 자녀는 퍼즐을 맞추고, 끼워맞추기에 열중한다.

유아는 경험하고 생각한다.

유아는 놀이를 하는 모든 순간에 조작하고, 찾고, 해결하고, 창조하고, 다른 아이들과 마주해서 자기를 주장하고, 시설을 이용해 활동하는 것을 즐거워한다.

우리가 유치원의 교실을 방문했을 때, 교실에 다양한 놀이를 할 수 있는 가능성이 있다는 것을 바로 알 수 있다. 예를 들면 모방놀이, 상상놀이, 교육적인 놀이, 집짓기놀이를 할 수 있고, 주방·상점·방·분장·차고·건물 등 작은 공간에서부터 큰 공간까지 갖추어져 있다. 이 놀이들은 언어·사회화·자율 그리고 훈련을 촉진한다.

부모들은 유치원이 끝날 때, 간혹 다음과 같이 묻는다:

— "오늘 아침에는 무엇을 했니?"

— "놀이를 했어요……."

놀았다는 말을 잘못 생각하지 말기 바란다. 유아는 놀이를 하면서 상황에 적응하는 것을 배우고, 정확한 말을 사용하는 방법을 배운다.

실내놀이를 잊지 말아야 할 것이다. 유아들은 바로 쌍륙놀이를 하면서 덧셈을 배운다. 즉 아이는 2개의 주사위가 각각 6과 4로 나왔을 때 10칸 앞으로 간다는 것을 아주 빨리 알게 된다. 또한 전쟁놀이를 하면서 직관적으로 숫자의 연속을 알아내고, 7보다 8이 더 세다는 것을 아주 빨리 이해한다. 유아들이 논리를 배우는 것은 바로 일 곱가족놀이를 하면서이다. 한참 뒤, 유아들은 해전놀이를 하면서 상 관표 읽는 것을 완벽하게 배운다.

● 의문 사항들

내 아이가 좋아하는 놀이는 무엇인가?
내 아이에게 어떤 장난감을 주어야 하는가?

우리는 종종 좋아하는 장난감이나 좋아할 장난감을 선택한다는 것을 잘 알아야만 한다……. 우리들 가운데 많 은 수가 아버지나 할아버지가 갖고 놀 던 전기기차, 또는 어릴 적 어머니 자 신을 아주 즐겁게 하였을 멋진 인형을 기억한다.

당신 자녀의 기호를 아는 방법을 배우라:
— 교사에게 의견을 물어라. 이 의견은 단지 하나의 제의에 불과하 다. 왜냐하면 당신의 자녀는 유치원과 집에서 아주 다른 태도를 나타 낼 수 있기 때문이다.
— 이 문제에 대해 당신의 자녀에게 질문하고, 아이의 생각을 말하 게 하며…… 아이에게 영향이 미치지 않도록 노력하라!
— 자녀의 태도를 관찰하라.

몇 가지 예:

— 인내심 있고, 창의성이 풍부하고, 시도해 보고 다시 시작하는 유아: 매우 다양한 집짓기놀이.

— 호기심 많고, 생각하고 관찰하는 유아: 로봇, 원격 조종되는 장난감에 만족한다.

— 혼자 놀기를 좋아하고, 상상력이 풍부한 유아: 성이나 농장이 좋아하는 놀이의 무대가 된다. 인형극, 분장의 도구들을 가지고 상상한다.

— 부드럽고, 어르는 것을 좋아하는 유아: 인형, 곰인형과 친구한다.

— 인내심 있고, 끈기 있는 유아: 퍼즐, 끼워맞추기, 나뭇조각 조립 퍼즐이 맞을 것이다.

— 또래와 노는 것을 좋아하는 유아: 당신과 함께하는 모든 사회놀이(도미노놀이, 로또놀이, 경마게임놀이)로 즐거운 시간을 보낼 것이다. 당신의 자녀는 다각적 측면을 지니고 있고, 다양한 점들은 모두 다 중요하다.

【비고】유아들이 비싸고 호화로운 장난감을 항상 제일 좋아하는 것은 아니다. 우리는 상자와 포장지를 갖고 노느라 멋진 털인형에는 도무지 관심을 보이지 않는 유아로 인해 실망했던 기억을 갖고 있다! 유아의 상상력을 방해하는 세련된 장난감 한 세트보다 치마·머릿수건·머리띠·허리띠 등으로 변용될 수 있는 다양한 형태와 재료로 된 천조각들을 아이가 사용하도록 해주는 것이 바람직하다. 대부분의 유아들이 물을 가지고 놀거나, 다양한 물건들을 가지고 노는 것을 좋아한다. 당신의 자녀에게 이러한 놀이들을 제시하면서 유치원 교사를 흉내내라.

당신의 자녀가 특별한 애정을 보이는 장난감이 있는가?

며칠 동안 혹은 몇 달 동안 당신의 자녀는 특별한 장난감, 즉 일반적으로 인형이나 털로 된 동물인형·타월·천 등에 집착한다. 이후로 아이는 그 장난감이 없으면 잠들지 못하고, 세탁 때에도 어렵게 내어 주고, 빌려 주지 않으며, 아이에게서 떼어낼 수 없고, 유치원에도 가져간다……. 4년 6개월이나 5세가 되어서야 그것이 없이도 잠을 잘 수 있다. 그러나 반대로 오래, 아주 오래 간직할 수도 있다. 이따금 유아들이 학교에 가지고 가는 특별한 장난감을 갖는 것이 바람직하다.

여아용 장난감, 남아용 장난감이 따로 있나?

점차 여아용 장난감과 남아용 장난감의 상품 차별화가 커지고 있다. 현재 남자아이가 인형을 갖고 노는 것과 여자아이가 장난감 자동차를 모으는 것을 전적으로 인정하라. 이것은 바로 존중해야 할 필요가 있는 개성이다. 유치원에서는 유아들에게 모든 장난감을 차별 없이 권한다.

장난감 대여소란 무엇인가?

현재 프랑스에는 도서관 방식으로 모든 유아들이 장난감을 가지고 놀 수 있고 빌릴 수 있는 대여소가 있다. 해당 구청에 문의하라.

결론적으로 말하면, 놀이는 유아들에게 절대적으로 필요하다. 그리고 여가 활동은 어른들의 놀이가 아닌가?

신체 활동의 역할은 무엇인가?

유치원에서는 신체 활동이 중요한 위치를 차지함을 알게 되었을 것이다. 왜 신체 활동이 중요한가? 모든 유아들은 움직이고, 힘을 쓰는 것이 필요하기 때문에 신체적인 발달을 고려하지 않는 교육은 상상할 수 없을 것이다.

다양한 활동이 유아들에게 제시된다. 왜 그런가?

— 전반적인 발달을 도모하기 위해서.

— 유아들이 상황에 따라 움직임을 조절하여 알맞은 행동을 배우기 위해서.

— 유아들에게 자신들의 신체와 능력과 한계를 알게 하고, 욕구에 따라 행동하는 것을 배우기 위해서. 또한 유아들에게 자극이 되는 행동을 증가시키고 변화시키면서(놀이방과 잘 정리된 교실) 두려움을 이겨내게 하기 위해서. (지금 위험 부담에 대해 말하고 있지만, 이를 잘못 생각지 마라. 이는 위험에 대한 동의어가 아니라 안전에 대한 동의어다).

— 유아들이 유익하다고 생각하는 간단한 규칙을 지키면서, 다른 아이들의 행동에 적응하는 것을 배우기 위해서(놀이, 원무).

유치원에 가는 유아들은 생후 1년 6개월이나 2세가 되어서, 혹은 그보다 앞서서 걸음을 잘 걷게 된다. 유아는 잘 달리지만 멈추는 데 어려움이 있고, 움직임은 다소 혼란스럽고 자주 의도 없이 움직인다. 시간이 흐르고, 유아는 이러한 점들에서 많은 발전이 있게 되고, 예를 들어 장애물을 뛰어넘는다든지 또는 굴렁쇠 안에서 정확하게 뛰어오른다든지 상황에 따라 움직임을 맞출 수 있게 된다.

유치원은 유아들의 욕구와 흥미에
어떻게 부응할 것인가?

유아는:
— 천천히 걷고, 빨리 걷고, 기고, 달리고, 멈추고, 내닫고, 늦춘다.
— 뛰어오르고, 뛰어넘고, 기어오르고, 뛰어올라간다.
— 장애물 주위로 돌고, 그 사이로 지나간다.
— 미끄러지고, 포복하고, 구르고, 스케이트를 신고 중심을 잡아본다.
— 공을 던지고, 잡고, 굴린다.
— 공으로 작은 가방을 겨눈다.
— 조작하고, 쌓고, 집짓기한다.
— 다양한 물건들을 들어올리고, 옮기고, 쌓고, 미끄러지게 한다.
— 자전거를 타고, 자전거를 안 내리고, 스케이트보드를 탄다.
— 다른 유아를 쫓아간다.
— 새로운 공간을 발견하고, 탐험한다.
— 모험한다.
— 결정하고 예상한다.
— 진흙 속을 걸어가고, 스케이트를 타고, 수영한다.
— 춤춘다.

이러한 활동들은 용구 발견 시간, 장애물 코스 시간, 원무 시간, 음악에 맞추어 동작을 전개하는 시간이 있을 때 하며, 체육관, 놀이방, 초등학교의 공동실내체육관, 지역에서 찾을 수 있는 특별한 장소(수영장, 얕은 풀장, 스케이트장……)에서 한다. 자극을 주는 상황과 사회화를 위한 상황에 좋은 시간이 될 수 있는 오락도 잊지 말아야 할 것이다. 이 오락 시간으로 인해 황량한 공간이 원숭이 다리, 계단, 선회 미끄럼틀, 절벽타기 벽 등이 있는 정리된 공간으로 점점 바뀐다.

● 이 신체 활동 분야에서 자녀를 어떻게 도울 것인가?

도시와 시골의 환경에서 각기 다른 가능성(넓은 공간, 가족 정원, 정리된 광장)을 제공한다는 것은 분명하다. 그렇지만 모든 경우에서 유아가 이 가까운 환경에서 편안하게 느끼고, 지역의 자원에 따라 조금씩 정복해야 할 다른 공간을 발견하는 것을 목적으로 한다. 어떤 유아들은 약간 겁먹고 있어서 용기를 주고, 격려하는 것이 필요하고, 반대로 다른 유아들은 '저돌적'이기 때문에 억제될 것이다. 또 다른 유아들은 더 나이 든 남자 형제나 여자 형제가 데리고 간다. 몇몇 유치원은 자전거나 롤러스케이트를 제안하는데, 실제로 유아들은 집이나 밖에서 자주 자전거를 타거나 롤러스케이트를 탄다. 그리고 이 두 활동은 확신을 갖게 하고, 어느 정도 자율이 생기게 한다.

【비고】 어떤 유아들은 신학기에, 특히 학교에서 이러한 형태의 활동을 거부한다. 이 아이들은 친구들을 관찰하는 것을 더 좋아한다. 교사는 주의 깊게 이런 유아들을 도와서 각자의 어려움에 맞춰 비슷한 활동을 하게 한다(예를 들어 좁은 평균대보다 넓은 벤치가 더 안심된다). 자녀가 자극이 되는 활동을 두려워하는 것 같으면, 아이를 안심시키고 도와 주며 당신이 두려워한다는 것을 드러내지 마라. 그러면 유아는 용기를 얻어 두려움을 이겨낸 것을 기뻐할 것이다.

● 물놀이 시간, 스케이트 시간, 수영 시간은 의무적인가?

우리는 활동이 유아의 발달에 중요한 요소라는 사실을 보았다. 공간을 탐사하면서 아이는 자신의 몸 전체를 이용하는 방법을 배운다. 유아에게 더욱 복잡하고 또는 기묘한 환경에서 자신의 활동을 넓히는 방법을 알려 주면서, 성인은 아이의 성장하고 능력이 진보되는 과정에 함께한다. 운동에 더 비중을 둔 활동에서 점차적으로 보다 기술적인 훈련이 가능하게 된다. 즉 물에서, 빙판에서, 눈 속에서 발전하는 것을 배운다.

자연적인 요소 가운데에서, 유아는 항상 물에 대해 특별한 매혹을 느끼기 때문에 학습에서 제시되는 물놀이는 많은 성공을 거둔다. 유아들은 수영장에서 물을 자신들이 동화되어야만 할 주변 환경처럼 생각할 것이다. 이 활동은 특별한 조건에서 이루어지므로, 교사는 익숙하지 않은 환경에서 나타나는 유아들의 행동을 관찰함으로써 보다 잘 알게 된다.

이러한 활동 시간들의 구성에 대한 정보와, 영아들이 물과 친숙해지는 것이 왜 이로운지에 대한 정보를 모임에서 제공할 것이다. 당신은 영화 관람을 통해 구두 정보 전달을 확인할 수 있을 것이다.

물론 유치원의 이러한 활동들은 의무적이지는 않지만, 당신의 자녀가 등록한 순간부터 유치원 밖에서의 이러한 활동들은 (교육적 체험 학습과 같은 이유로) 학교 활동에 통합되는 부분이다. 가정의학과 의사가 이러한 활동들을 자제해야 하는 병의 증상에 대한 증명서를 작성할 경우는 예외적이다.

다음과 같은 사항을 알기 위한 실제적인 충고가 주어질 것이다:

— 자녀가 옷을 입고 벗기 편하도록 어떻게 입히는 것이 좋은가에 대해.

— 수영장에 갈 때 가방에 무엇을 넣어야 하는가에 대해.

— 어떤 간식을 주어야 하는가에 대해(사탕류 지참).

통솔할 팀을 구성하기 위해 당신에게 요청할 수도 있다. 그때 당신은 장학관의 책임하에 있는, 정보에 대한 연수가 끝난 후 승인에 부칠 것이다.

당신이 쉽게 이해하게 될 감정적인 부류의 몇몇 문제들을 피하기 위해, 부모들이 반드시 자녀가 관계되는 시간에 참석하지는 않는다. 경우에 따라서 당신은 다른 반의 유아들과 함께 갈 수 있다. 유치원에서 당신의 자녀를 잘 알고 있는 교사를 신뢰하라. 사실 자녀는 당신이 자기 반을 직접 맡는 것보다 더 편안해할 수도 있을 것이다.

물론 가장 중요한 것은 안전이다(수영 코치의 수, 수영장의 수위).

● 유아는 운동을 시작할 수 있는가?

몇 년 전부터 방과 후의 운동이 아주 중요시되었고, 따라서 많은 시립협회나 사설협회에서 유아들의 나이와 흥미에 따른 다양한 운동을 마련하였다. 클럽에서는 종종 유아가 이 운동을 할 수 있는지의 여부를 나타내는 의료증명서를 요구한다.

우리는 유치원에서 유아들이 수영장 또는 얕은 풀장, 스케이트장, 조랑말 조마장 등 새로운 주변 환경을 발견한다는 것을 알았다.

여기 유치원에 다니는 유아들의 나이에 할 수 있는 운동의 몇 가지 예가 있다:

— 수중 체조(2-6세, 부모의 출석이 의무적이다).

몇 년 전부터 클럽에서는 물속에서 부모와 유아 간의 친밀한 관계 형성을 위해 아기 수영을 맡고 있다.

— 무용과 체조(3세부터).

— 아이스하키(4세부터).

— 피겨스케이트(4세부터).

— 유도 친밀화 과정(5세부터).

■ 언어 습득을 우선적으로 다룬다: 좀더 구체적으로 설명하고자 한다

언어의 자유로운 구사는 모든 학습을 시작하기 위한 **기본적인 도구**이다(읽기 · 쓰기 · 수학).

"우수한 언어 습득과 쓰기 훈련을 잘 해내는 것은 학교에서의 성공을 넘어서 사회적 성공에 중요한 조건이다. 이러한 이유 때문에 언어 습득과 쓰기 훈련은 초기 학교의 목표"라고 A. 르그랑은 말하였다.

언어 훈련에 있어서 유치원의 역할은 중요하다. 유아가 말하기를 배우는 것은 주변과의 교류를 배우는 일일 뿐만 아니라, 동시에 다음과 같은 언어의 다른 기능을 발전시키는 것이다:

— 우리를 둘러싸고 있는 세상을 묘사한다.

— 말로 세상에 대해 처신한다.

— 일어났었거나 상상하는 상황을 언급한다.

— 언어, 언어의 형태, 언어의 기능에 관심을 갖도록 한다.

이 분야에서 교사의 역할은 다음과 같다:

— 유아들이 자유롭게 표현할 수 있는 상황을 만든다.

— 교사와 유아들 사이의 의사소통과 유아들 간의 의사소통을 보장한다.

— 유아에게 정확하고 풍부한 언어가 배어들게 한다.

— 유아의 오류를 일정한 순간에 고쳐 준다.

— 유아에게 의문형이나 부정형과 같은 언어의 구조를 터득하게 해준다.

— 점점 더 상세하고 다양한 단어를 알게 해준다.

— 공간과 시간에 관계된 어휘를 사용하게 해준다.

— 생각의 구조화에 꼭 필요한 **언어-도구**를 준다.

의사소통과 표현을 가능케 하는 몇몇 상황들

유아들을 다음과 같은 활동으로 이끈다:

— 아침 식사를 준비하고, 성분과 작용을 명명한다.

— 물건과 자료를 가지고 토론한다.

— 그림엽서 · 종이 · 선물 · 장난감을 발견하고 묘사한다.

— 매일 일어나는 일, 상황을 묘사한다.

— 놀이 공간을 편성한다.

— 실습실에 참가한다.

— 계획을 서술한다.

— 과자를 만들게 하고, 만드는 방법을 설명한다.

— 사건(축제 · 생일)에 대해 서로 의논한다.

— 책 내용을 이야기한다.

— 동네 나들이에 대하여 이야기한다.

— 이야기를 꾸민다.

— 인형극을 관람하고, 대사를 찾아본다.

— 예술품을 보고 일어나는 감정을 표현한다.

● 의문 사항들

자녀를 어떻게 도울 것인가?

모국어의 습득은 단지 주입과 모방에 의해서만 이루어지는 것은 아니다.

아이는 더 어릴 때부터, 그리고 태내에 있을 때에도 목소리를 듣고, 모국어가 될 언어로 달래어진다.

유아들은 태어나면서 모든 소리를 낼 수 있는 같은 잠재력을 지니고 있다. 유아들이 듣는 언어를 훈련하고 선택하면서 한 언어를 말하게 되는 것이다. 이 정도의 언어 혜택만으로는 충분치 않다. 언어 습득에 있어서 유치원의 역할은 분명히 가장 중요하지만, 가정의 역할 또한 크다.

당신은 아이의 말에 귀를 기울이고, 자녀의 진보에 중요한 요인이 되게 하는 다음과 같은 마음의 자세를 가져야 한다:

— 자녀가 표현하는 것을 격려한다(표현하는 몸짓에 만족해서 자녀의 욕구를 앞지르지 마라).

― 자녀를 자극하는, 다시 말하자면 일상 생활의 자연스러운 상황 뿐만 아니라 토론을 통해 옳다고 생각하게 만드는 상황을 활용한다.

― 의식적으로 자녀를 수정한다.

― 정확한 단어를 사용하고 자녀에게 당신의 하루 일과, 어린 시절의 기억들을 이야기해 준다(점심 식사 시간과 잠자리에 드는 시간 등을 이용하라).

― 이야기를 해준다.

― 자녀와 셈노래를 반복한다.

― 갓난아이 말을 사용하지 않는다.

유아는 어떻게 단어를 배우는가?

일상 생활의 상황이나 예외적이고 별난 상황에서 새로운 단어를 사용하게 된다.

• 유아는 즉시 그 단어를 반복하는 것을 즐길 수 있다.

• 다른 상황에서 단어를 다시 들을 수 있는 기회를 유아에게 거듭 제공한다.

• 놀이를 통해서 유아가 거리낌없이 단어를 반복하도록 자극할 수 있다.

• 명명된 대상을 유아에게 보여 주는 것이 바람직하다.

• 단어의 의미를 확고히 자리잡게 하고, 그 단어를 알고 다시 사용하기 위해서 유아가 자주 사용할 필요가 있다. 사실 습득한 것은 **사용을 해야** 뿌리박히게 된다. 단어들은 즉시 혹은 자주 사용하지 않으면 복구할 수 없을 정도로 망각 속으로 사라진다. 유아가 쉽고 명확한 표현을 할 수 있게 해주는, 잘 쓰이는 말들을 풍부하게 하는 것에

관한 문제이다. 이러한 단어 습득의 첫번째 단계는 그 사용에 의해서만 쓸모가 있다.

언어의 오류를 교정해야 하는가?

어떤 오류들, 예를 들어 '~(하)기 때문에' 대신 '왜'를 사용하는 것과 같은 오류들은 일정한 나이엔 **당연한** 일이다; "왜 비가 와서 장화 신었어요."

우리가 믿는 것과는 반대로, 어떤 오류들에서는 어느 정도의 원숙한 문법적 적용을 시도하는 것이 보여지기도 한다.

영아들의 말은 종종 오류이지만…… 한편으로는 호감이 간다.

만약 유아가 자신을 감동시킨 사건을 이야기하기 위해 열정적·자발적으로 표현한다면, 유아의 말을 교정하기에 가장 좋은 순간이 아닌 것은 확실하다. 더 적절한 다른 순간에 유아는 교정을 아주 잘 받아들일 것이고, 교정놀이를 할 수도 있다.

메아리로 대답해 주는 것이 바람직하다. 말하자면 정확한 문장을 메아리처럼 유아에게 다시 말해 주는 것이다. 예를 들자면:

— "저는 넘어졌어요."

— "엄마도 그랬어. 엄마도 어렸을 때 자주 넘어졌어요."

유아가 반복하는 것을 격려해야 하는가?

어떤 유아들은 자발적으로 단어를 반복하는 것을 좋아하고, 발음해서 나는 소리가 마음에 드는 단어를 사용하는 것을 즐긴다.

다른 유아들은 반복하는 것을 좋아하지 않는다. 만약 이 아이들에게 반복할 것을 강요한다면, 더 이상 표현하고 싶어하지 않는다. 따라서 신중할 필요가 있고, 유아의 태도를 유아의 개성에 맞추어 관찰하는 것이 필요하다.

발음의 오류와 문장을 시작하는 데 어려움이 있는 것을 걱정해야 하는가?

말을 사용할 때 생기는 오류와 마찬가지로 발음의 결함은 일정한 나이에는 받아들일 만하다. 노련하고 익숙해진 교사가 아이의 지속적인 결함, 발음하는 데 있어서의 어려움을 당신에게 알려 줄 것이다.

자녀가 유치원에서 말을 하지 않는다. 어떻게 해야 하는가?

아이가 유치원에서 거의 말이 없거나 말을 전혀 하지 않기에, 교사는 상담 시간에 자녀가 집에서 쉽게 표현하는지를 부모에게 물어보았다. 이 분야에서는 매우 신중한 태도를 보여야 한다.

다음의 두 일화가 의미 있는 것으로 보인다:

• 4-5세반의 교사를 하고 있을 때, 사람들이 건네는 말을 모두 이해하고, 다른 유아들과 놀이를 하고(조용하게), 제시되는 모든 활동에는 참가하지만, 대집단에서나 소집단에서나 전혀 말을 하지 않는 귀여운 남자아이에 대해서 걱정한 적이 있었다. 3학기 중 두번째 학기에 인형극 공간이 설치되었다……. 놀라지 않을 수 없었다. 브누아는 커튼 뒤에 몸을 숨기고 꼭두각시를 능란히 다루면서 말을 하기 시작했고, 줄거리를 만들어 냈으며, 다른 목소리로 등장 인물들이 대화하

도록 했다! 단지 내성적인 브누아는 표현하기 위해서 몸을 숨겨야 했다……. 브누아는 용기를 얻어 더 이상 커튼이 없어도 말할 수 있게 되었다.

• 내가 교육고문으로 있었을 때이다. 신학기에 2-4세반을 방문했을 때, 한 젊은 교사가 목소리를 한번도 들을 수 없었던 3년 6개월의 여자아이에 대한 걱정을 하고 있었다. '혹시 유아가 프랑스어를 하지 못하는 건 아닌가?' 포르투갈 태생인 루이자는 영리한 어린이로 얼마간의 적응기를 보내고, 사람들이 요구하는 것을 착실히 해냈다……. 체험 학습을 할 시간에 비가 왔다. 나는 외투걸이 위에 멋진 유아용 우산이 있는 것을 보고 좀더 가까이서 보려고 다가갔다……. 그때 루이자가 소리쳤다. "그건 제 우산이에요, 엄마가 제 생일에 사주셨어요!" 프랑스어를 못할 거라는 인상을 주었던 어린 여자아이가 내뱉은 훌륭한 문장이었다! 루이자는 틀림없이 '저 부인은 나를 알지 못하는데, 내 우산을 가져가려고 해' 라고 생각하고 표현할 필요성을 느꼈을 것이다.

어떤 유아들은 특히 단체 활동 때에 말하고자 하는 욕구나 필요성을 느끼지 않는데, 바로 당신의 자녀가 그럴 수 있다. 유치원에서는 등원할 때나 오락 시간에 또는 실습실에서 소집단으로 있을 때에 유아들을 자극하여, 그들이 개인적으로 교사에서 말을 하도록 유도하는 데 힘쓴다.

만약 자녀가 집에서는 정상적으로 말한다면, 유치원에서의 이러한 태도의 원인을 같이 찾아보도록 교사와 상의한다.

● 관련 정보

2-6세 사이의 유아들은 어떻게 말하는가?	
2-2년 6개월의 유아들	— 2백 개에서 3백 개 정도의 단어를 안다. — 문장 구실을 하는 단어를 사용한다. — 2개 내지 3개로 된 문장을 만들 수 있다. — 여러 개의 대명사를 사용한다. — 본인임을 나타내는 자신의 **이름**을 좋아하고 사용한다. — 욕구나 요구 사항을 표현하기 시작한다. — 물건의 이름을 부르면서 가리키는 것을 좋아한다. — 어떤 유아들은 새로운 단어를 메아리처럼 되풀이하는 것을 좋아한다. — 어른들에게 더 말을 건넨다. — 거부하고 자기를 주장하기 위해서 '아니오'를 사용하기 시작한다.
3-3년 6개월의 유아들	— 또래 유아들에게 더 관심을 갖기 시작한다. — 점점 더 광범위한 어휘를 사용한다. — 자신들의 생각이나 욕구를 표현한다. — 일반적으로 새로운 단어를 배우는 것을 좋아한다. — 질문을 이해한다. — 말놀이, 운이 맞는 셈노래를 좋아한다. — 유아들의 문장 구성이 향상된다.
4-4년 6개월의 유아들	— 말하고, 노래하는 것을 좋아한다. — 단어로 놀이를 한다. — 약 1천5백 개의 단어를 구사할 수 있다. — 일반적으로 힘들이지 않고 말한다. — 대명사에 대해 여전히 오류를 범한다.
5-6세 사이의 유아들	— 대명사와 전치사를 사용한다. — 모국어의 기본적인 구조를 익힌다. — 스스로 교정할 수 있게 된다. — 언어 수준을 듣는 사람에게 적응시킬 수 있게 된다. (갓난아기나 또래의 유아, 성인에게 같은 방식으로 말하지 않는다.) — 정신적인 이미지를 사용한다.

● 유치원과 집에서 셈노래와 언어유희를 사용하는 것에 대하여

당신은 틀림없이 여럿이 반복해서 부르는 몇 개의 짧은 노래나, 또는 공놀이나 줄놀이와 연관된 것으로 기억되는 어떤 짧은 문구를 기억할 것이다. 실제로 "셈노래는 놀이에서 특별한 역할이 주어진 사람을 지칭하는 데 사용하는 어린이 노래이다."(사전 《로베르》의 정의)

아주 오래된(어떤 것은 2세기까지 거슬러 올라간다) 셈노래의 대부분은 나라나 지방에 따라 다양하다는 것을 보여 준다. 어떤 셈노래의 작자는 빅토르 위고·로베르 데스노스와 같은 유명한 사람이다. 구전으로 내려오는 셈노래는 말로 하거나 노래로 부르는데, 항상 운율이 있다. 현재 넓은 의미로 짧은 시, 주로 재미있는 문구를 지칭하기 위해 이 말을 쓴다. 만약 당신이 셈노래의 역사적·종교적 또는 사회적 기원에 관심이 있다면, 라디오 방송을 통해 호평을 받은 후에 출간된 책, 필리프 수포의 《프랑스어로 된 셈노래 선문집》을 즐겁게 읽을 것이다. 이 책에는 각 지방의 셈노래뿐만 아니라 프랑스어권 국가에서 나온 셈노래들도 있다. 셈노래에 대한 많은 책들과 카세트테이프·시디도 시판되고 있다.

유치원은 보수적이고 가족과 같은 자격으로 문화 유산을 전하는 곳이다.

왜 셈노래를 사용하는가?
유아들을 다음과 같이 돕기 위해서:

— 언어와 연관된 **몸짓**을 가장 잘 터득하게 한다:

"똑-똑-똑 꼬마엄지 거기 있나요?
쉿, 자고 있어요.
똑-똑-똑 꼬마엄지 거기 있나요?
네, 나가요!"

유아들은 엄지손가락을 안으로 넣어 감춘 주먹쥔 왼손을 오른쪽 검지손가락으로 두드리고 나서, (입 앞에 오른쪽 검지를 갖다대면서) '쉿' 하고 다시 두드리고, 왼손을 주먹쥔 채로 엄지손가락만 신속하게 뺀다. 유아들을 위한 이 셈노래는 실제로 아이들을 즐겁게 한다.

— 역시 언어와 연관된 자아 인식을 가장 잘 습득하게 한다:
"코 하나, 눈 둘
이건 모두 내 거야!
코 하나, 눈 둘, 입 하나
이건 모두 내 거야!"

— 요일의 명칭과 색의 명칭을 잘 기억하게 한다:
"나는 회색 고양이,
밤색 고양이에요,
나는 검고 흰 고양이에요,
나는 초록 눈 붉은 꼬리를
가진 고양이에요."

"안녕하세요, 월요일 부인?
어떻게 지내죠, 화요일 부인?

잘 지내요, 수요일 부인.
목요일 부인께 말씀해 주세요,
금요일에 오시라고.
토요일에 춤추고,
일요일의 무도회에서."

— 명확한 어휘를 얻게 한다:

"로즈메리 관목 속에 작은 토끼.
닭장 속에 작은 병아리.
둥근 바구니 안에 작은 새끼고양이.
작은 둥지 속에 두 마리 카나리아.
그리고 베개 위에 우리 아기."

— 단어놀이를 하게 한다:

"거위 한 마리
거위 두 마리
거위 세 마리
거위 네 마리
거위 다섯 마리
거위 여섯 마리
거위 일곱 마리."

"코 한 개
코 두 개
코 세 개
코 네 개
코 다섯 개
코 여섯 개
코 일곱 개
코 여덟 개
코 아홉 개
코 열 개."

― 간단한 문법 형태를 사용하게 한다:

　　　"오! 엄마, 멋진 케이크예요!

　　　케이크가 둥그래요!

　　　케이크가 따뜻해요!

　　　이 케이크를 준비한 분이 엄마예요.

　　　이 케이크를 먹을 사람은 바로 저예요."

― 운율에 민감해지게 한다:

　　　"미로 아빠예요.

　　　사보(나막신)를 신은

　　　미레트 엄마예요.

　　　뤼네트(안경)를 쓴."

어떤 교사들은 언어의 **오류**를 이용해서, 유아들이 정확한 형식을 다시 사용해 셈노래를 만들어 내도록 유도한다. 예를 들면:

　　　"미용사에게 갔었어요." …

　　　"미용실에 갔었어요.

　　　버터를 먹어요!"

언제 셈노래를 사용하나?

― 아침에 재편성하는 동안.

― 잠재우는 동안(자장가).

― 유치원에 있는 것을 힘들어할 때(진정시킬 때).

― 언어로 편성된 활동을 하기 위해 생기는 짧은 순간에.

— 일시적인 어려움(예를 들어 발음의 결점)이 있을 때 도움이 필요한 유아들에게.

⋯그러면 집에서는?
셈노래 몇 곡과 몇 가지 언어놀이

자녀는 당신과 함께 짧은 셈노래를 반복하는 걸 좋아할 것이다(유치원에서 배우는 교재를 모아 놓는다면 부모와의 관계에 도움이 된다).

"그레구아르는 저녁에 노래하고
오렐리는 예쁘다⋯⋯."

"아브라카다브라!
금강잉꼬가 외친다.
아브라카다브랑!
코끼리가 운다."

"큰개미핥기를 보았나요?
파란 하늘, 회색 하늘, 하얀 하늘, 까만 하늘.
큰개미핥기를 보았나요?
푸른 눈, 회색 눈, 하얀 눈, 검은 눈."
(로베르 데스노스)

"토르튀 토르뒤   "그리, 그로, 그라
도르-튀? 도르-튀?   부알라 르 그로 샤."

토르튀 토르뒤."

"암, 스트람, 그람
피케 피케 콜르그람
부레 부레 라타탐
암, 스트람, 그람."

"미르라바비, 쉬르라바보
미르리통, 리봉, 리베트
쉬르라바비, 쉬르라바보
미르리통, 리봉, 리베트."
(빅토르 위고)

"안녕하세요 부인,
몇 시인가요?
정오랍니다.
누가 말해 주었나요?
작은 생쥐가.
작은 생쥐는 어디에 있죠?
성당에.
무얼 하고 있죠?
레이스를 가지고.
누구를 위해서?
작은 회색 구두를 신은
파리의 부인들을 위해."

"어디 두고 보자!
고양이가 말해요,
올빼미에게.
넌 암코양이를 찾을 거지?
난 개를 찾을 거야."

"통 타 드 리
텅타 르 라
르 라 텅테
르 리 타타."

자녀가 유치원에서 읽기를 배우는가?
당신의 자녀, 유치원과 쓰기

프랑스에서는 문맹 문제에 대한 강연이나 텔레비전 방송에서, 아주 어린 유아들이 쓰기에 민감해지는 것이 중요하다는 걸 연구자와 의사들이 증명해 주고 있다. 책을 접하고, 그림책에서 들려 주는 이야기들을 듣는 것이 필요하다는 사실이 지금은 완전히 받아들여지고 있다.

마찬가지로 2-3세까지의 유아들이 읽거나 쓰는 성인에게 보이는 관심은, 우리들 생활에서 쓰기가 얼마나 중요한지를 이해시키는 것이 유치원에서부터 가능하다는 것을 보여 준다.

자녀의 교실에서 볼 수 있는 것

이름이 씌어진 출석부.
나이를 기록한 판.
사진이 있는 시간표.
셈노래판.
수영장 가는 날, 스케이트장에
가는 날의 일정표.
특별한 행사의 전시.
(축제 · 전시회 · 시장……)
서신 왕래의 상대가 받은 편지.

요리법.
놀이 요령.
숫자판.
프랑스 · 유럽 · 세계의 지도.
사진첩뿐만 아니라
참고 자료가 되는 책.
잡지, 그리고 적합한 사전까지
있는 도서관.

● 3-4세인 유아가 하는 것

교실에서의 일상 생활에서

— 등원할 때 자신의 이름표를 찾아낸다.
— 친구들의 이름표도 알아본다.
— 자신이 그린 그림에 이름표를 붙인다.
— 자신이 좋아하는 셈노래를 알아본다.

놀이 공간에서

— 포장 상자를 다루고, 주방 공간에 씌어진 글에 익숙해진다.
— 차고 공간에서 길에서 볼 수 있는 간단한 신호들을 발견한다.
— 상점 공간에서 그림 · 포스터 · 포장 상자 등을 다룬다.

● 5-6세의 유아가 하는 것

교실에서의 일상 생활에서

— 자신의 성과 이름을 알아본다.
— 몇 개의 단어를 알아보고, 교실에서 그 단어들을 사용한다.
— 당신에게 전해지는 소식에서 몇 개의 단어를 알아본다.
— 주위에서 사회적인 글귀나 신호들을 알아본다.
— 자신이 만든 것에 서명하기 위해 이름의 첫자를 사용한다.

활동 공간과 실습실에서

— 학교 식당의 차림표를 읽는다.

— 포장지에 씌어진 글씨를 읽고 상품을 알아본다.

— 그림책 · 요리책 · 나이에 맞는 사전 등 다른 책들을 사용하는 것을 배운다.

— 놀이를 위한 안내서를 읽는다.

— 집짓기놀이를 위한 작은 도식을 읽는다…….

읽기 실습실에서

특히 5-6세반에서 유아들은 완전히 구조화된, 지도에 따른 활동과 상세한 지시에 따른 연습을 할 것이다. 실제로 "유아가 기본적인 습득을 시작하기 위해 필요한 능력을 보일 때, 유치원에서 그 습득을 시작한다."

실습의 예
이름과 성을 이용해서 하는 체계적인 놀이와 연습

— 같은 철자로 시작하는 이름들을 찾기.

— 머리글자 사용하기.

— 알고 있는 이름들의 음절들을 이용해서 모르는 이름 찾기.

— 유아들이 지식을 획득함에 따라서 완성하게 될 신분증 만들기.

신문 · 카탈로그 · 포스터를 이용해서 하는 놀이와 연습

— 텔레비전 방송 프로그램, 일기 예보, 다른 신문들에서 같은 면

을 찾아내기 위해.

— 상품의 상표를 찾아내기 위해.

— 철자와 숫자를 구별하기 위해.

— 숫자의 각기 다른 사용에 대해 알아보기 위해(책의 쪽수를 매김, 텔레비전 방송 프로그램에서의 시간, 치수, 문서 번호, 카탈로그의 가격 등을 표시).

— 아는 단어 찾는 것을 연습하기 위해.

— 다른 활자로 인쇄된 단어를 알아보기 위해.

— 편지, 목록, 그림엽서, 동시와 셈노래, 참고용 소책자 등과 같은 각기 다른 글씨체로 씌어진 것들을 알아보기 위해.

만화를 가지고 하는 작업

— 이야기를 읽기 위해.

— 다른 상황에서 같은 인물을 찾아내기 위해.

— 인물의 대사를 해설하기 위해(인물은 생각하고, 말하고, 고민하고, 꿈꾸고, 두려워한다).

— 장소, 시간(밤 · 낮 · 계절)의 표시를 식별하기 위해.

— 만화를 그리기 위해.

— 줄거리를 말하기 위해.

— 이야기의 결말을 꾸며내고, 제목을 붙여 주기 위해.

— 이야기의 처음을 찾아내기 위해.

책을 가지고 하는 작업

— 그림, 아는 단어, 상황 등을 이용해서 이야기를 찾아내기 위해.

— 각기 다른 인물들을 찾아내기 위해.

— 다음에 오는 장면을 예상해 보기 위해.

— 의문문, 대화의 구절들을 알아내기 위해(" ").

— 책의 각기 다른 부분들을 알아보기 위해: 표지, 제목, 본문, 삽화, 개요, 목차.

— **본문, 문장, 낱말**, 글자 등과 같은 일련의 기술적인 단어들을 이해하기 위해.

계획에 관계된 연습

— 펜팔 편지를 읽기 위해 필요한 단어의 습득.

— 포스터 읽기.

— 학교 식당의 차림표 읽기.

— **만들기**(조립 요령, 요리법)를 위해 읽기.

— **놀이**(실내 유희의 규칙)를 위해 읽기.

자료를 가지고 하는 놀이와 연습

— 글로 씌어진 연속에서 이러이러한 글자를 찾아내기 위해.

— 그림과 연결하면서 문장이나 단어들을 알아보기 위해.

— 일련의 비슷한 단어들 중에서 한 단어를 찾아내기 위해.

— 주어진 문장을 다시 구성하기 위해. 병행해서 유아들이 작품을 **만들도록**. 말하자면 편지, 놀이 요령, 요리법, 안내 게시물, 이야기, 신문 기사 등을 작성하는 데 참가하도록 유도한다.

유아들이 구술하는 것을 **성인이 받아적는다.**

서재 공간

읽고 싶은 욕구는 읽기 훈련에 있어서 기본적인 조건이며, 거의 모든 학급에 서재 공간이 있다. 몇몇 유치원에서는 도서관-참고 자료실을 만든다. 일반적으로 서재 공간은 안락하고, 누구나 이용할 수 있다. 이곳에서 영아는 책을 들추어 보고, 선택하고, 삽화를 보는 습관을 갖게 될 것이다. 쿠션과 안락의자가 있어서 책읽기에 좋은 자세를 취하게 해준다. 서재 공간은 다양한 책들과 참고 자료가 있어야 한다. 참고 서적(동물 · 식물), 그림책, 기초 사전들, 예술 서적, 색인표, 전문 서적(요리 · 목공).

교사:

— 그림책을 읽는다. 성인이 말해 주거나 읽어 주는 책은 다른 것보다 더 자주 선택된다는 것을 알았다.

— 유아들이 책에 취미를 붙이고 소중하게 다루도록 하고, 주제에 따라 책을 정리하는 방법을 가르친다.

— 연습할 것을 권한다.

— 책을 빌림으로써 부모들도 같이 그 책들을 읽을 수 있으며, 자녀들의 기호를 알 수 있다.

유아들이 다음과 같은 것을 하도록 이끈다.

— 표지에 있는 책의 제목을 식별한다.

— 성인이 말해 준 제목의 책을 찾아낸다.

— 시리즈별로 책을 분류한다.

— 다른 여러 출판사에서 간행한 같은 이야기를 알아본다.

— 책에서 단어 찾아내기.

— 6쪽에서, 고양이에 대해 이야기하는 책 찾기!

자녀를 어떻게 도울 것인가?

●자녀가 주위 환경에 관심을 갖게 한다

즉 자녀에게 다음과 같이 하도록 조언한다.

— 글로 씌어진 것, 포장, 카탈로그에 대해 질문할 때 대답한다.

— 자녀가 유치원에서 하는 쓰기에 주의를 기울이도록 한다: 부모에게 파티를 알리는 게시물, 손으로 하는 활동을 위한 재료들을 부모에게 요청하는 게시물, 식단표 등. 실제로 1주일의 식단표는 일반적으로 유치원 입구에 게시되어 있다. 자녀에게 식단표를 읽어 주고, 재빨리 평가하라: "자, 오늘은 네가 좋아하는 음식이 있구나." 이로써 자녀는 자신이 먹는 것에 당신이 관심을 갖는다고 느낄 것이고, 읽기는 쓸모가 있고 알려 주는 데 쓰인다는 것을 알게 될 것이다.

교사는 종종 라벨이나 미니 사전을 이용해서 아는 단어를 다시 찾아보기 위해 식단표를 사용할 것이다. 교사는 유아들에게 식단표를 게시하는 데 필요한 다른 삽화들을 찾게 할 것이다. 어떤 학습에서, 또는 탐구 학습에서 유아들은 부모들이 참고할 수 있는 식단표 모음집을 만든다. 또한 유아에게 펜팔 편지 묶음, 셈노래 묶음, 건강 수첩을 읽게 한다.

— 길에서 볼 수 있는 글씨에 관심을 갖게 한다:

• 간판들. 유아들은 자기 주변에 자극을 받아서 글씨가 있으면 물어보는 습관이 있고, 광고문이나 간판과 그것에 해당되는 상점을 대조한다.

• 광고 게시물.

• 표지판. 종종 무의식적으로 부호로 된 많은 정보를 받아들인다. 이 부호들은 우리의 시대와 환경의 반영이고, 따라서 매일매일의 생활에서 접하게 될 부호들에 유아들이 관심을 갖는 것이 바람직하다: 도로의 표시뿐만 아니라 환경 또는 공공 건물의 표시. 지역에 따라서 도로나 고속도로의 표시, 해수욕장의 깃발, 스포츠센터 표지판 등이 해당된다.

● 지나침 없이 일상 생활의 상황을 이용한다

말하자면 다음과 같은 것을 유아에게 요구할 수 있다:

— 자신의 이름 찾아내기.

— 슈퍼마켓에서 좋아하는 아침 식사로 먹는 음식이 담겨 있는 상자 찾아내기.

— 텔레비전 방송에서 좋아하는 프로그램 찾아내기.

— 편지함에서 발견한 카탈로그를 함께 살펴보기.

— 신문에서 여러 면 찾아보기.

— 요리책에서 요리법 찾기.

유아가 책에 취미를 붙이도록 다음과 같은 것이 권장된다:

— 유아에게 선물로 책을 준다.

— 원문을 정확히 존중하면서 유아에게 책을 읽어 준다(동화뿐만 아니라 예를 들어 〈우리 집 개에게는 어떤 먹이를 주나?〉와 같은 참고 자료가 되는 소책자들).

— 유아의 방 한구석에 작은 서재를 마련해 준다.

— 유아가 그림책에서 좋아하는 단어들을 알아보도록 도와 준다:
성탄 또는 선호하는 사람들의 이름.

— 유아에게 당신의 책을 보여 준다.

— 유아들을 위해 잡지를 구독한다.

— 구립 도서관이나 유치원 도서관에 유아를 데리고 가서 도서를
대출한다.

가정 분위기에서 결정적인 영향을 받는다: 도서 구입, 자신의 주변
에서 성인들이 책을 읽는 걸 보는 것, 이야기를 듣는 것 등에 습관이
된 유아는 교실에서 더 자주 보다 자발적으로 서재 공간을 찾는다.

● 유아와 놀이를 한다

만약 당신이 자녀가 원한다고 생각되면 '보물 상자'를 만들어 줄
수 있다. 아이와 공동으로 찾아낸 이름·단어·문장(모든 단어, 모든
문장은 뜻이 있어야 한다)을 보물 상자에 넣을 수 있다. 유아에게 어
름어름 말하지 말라고 단호하게 명확히 밝혀 말하면서, 자녀가 자연
스럽게 읽도록 요구한다. 라벨을 붙일 수 있을 것이고, 이 라벨은 메
시지가 될 것이다. 예를 들면 즐거운 축제가 되세요. 당신을 초대합
니다, 저는 6세예요. 과자를 만들려면 밀가루·설탕·달걀·초콜릿
이 있어야 합니다.

의문 사항들

● 자녀를 돕기 위해서 읽는 방법을 사용해야 하나?

나는 앞에서 당신의 자녀를 돕기 위해, 유치원에서 제안한 상황과 명시된 활동들이 실제로 다음과 같이 자녀들에게 **읽는 태도**를 갖게 한다는 것을 보여 주려고 노력했다:

— 뜻을 알아내려고 한다.

— 표지를 찾아낸다(예를 들어 밀가루 포장지에서, 밀 이삭, 방앗간, 상표 또는 밀가루라는 단어 찾기).

— 추측을 한다("이것은 밀가루로 만들었어").

— 읽을 줄 아는 것들을 가지고 자신이 추측한 것을 확인한다.

방법에 대해서 말하자면 여러 가지가 있다. 다음의 두 경우를 검토해 보자:

— 오래전부터 있는 약간 시대에 뒤진 방법들이 있는데, 이 방법들은 현재 더 이상 초등학교에서는 사용되지 않지만 도서관에서는 찾아볼 수 있다. 그런데 이 방법들은 종종 "읽기를 원하고 읽는 것을 배우기를 원하는 유아는 어떤 방법으로도 막을 수 없다!"라는 경구를 쉽게 이해하게 한다. 물론 유아들은 이러한 방법으로 읽기를 배웠지만(30퍼센트는 어떤 방법으로나 읽을 수 있다), 아무 의미가 없는 기교적이고 수동적인 음절의 훈련은 많은 초등학생들에게 읽기를 싫어하게 만든다.

— 현재 초등학교 1학년에서 사용하고 있으며, 초등학교 1학년 교사들이 따르고 있는 방법이 있다.

유아가 초등학교 1학년에서 사용하게 될 방법으로 학습토록 하는 것은 확실히 적절한 것은 아니다. 실제로 같은 시기에 다른 유아들과 같이 발견한다거나 흥미를 느낄 수 없을 것이고, 모두 다 안다는 인상이나 지루해한다는 인상을 줄 우려가 있다. 교사를 신뢰하라. 교사는 전문가이고, 훈련의 기술자이다. 당신의 자녀에게 읽고 싶은 욕구를 갖게 하고, 자녀를 격려하고, (당신을 즐겁게 하기 위해서가 아니라) 자기 자신을 위해 초등학교 1학년에서 읽기를 배울 것이라는 바를 설명해 주는 것이 필요한 만큼 자녀에게 시기상조의 수업을 강요하는 것이 해로울 수 있다.

● 철자를 배워야 하는가? 글자를 어떻게 불러야 하는가?

유치원에서는 종종 놀이나 훈련의 형태로 글자에 대한 지식을 소개한다. 예컨대 이름의 첫번째 글자와 같은 글자들을 찾아내고 오려낸다. 몇 년 전부터 초보자용 책이 다시 전과 같이 유행하고 있다. 우리는 유치원 교실 벽에 이 책자가 붙어 있는 것을 볼 수 있고, 어떤 유아들은 이미 놀이로써 열중하고 있다. 5-6세반에서는 유아들에게 자신들이 알고 있는 단어들을 철자 순서대로 분류하게 할 수 있겠지만, 철자를 아는 유아가 반드시 더 빨리 또는 더 잘 읽기를 배우지는 않는다는 것을 알아야 한다. 유아들의 성을 사용해서 글자를 읽어라!

몇 가지 잘못된 생각들

● 읽기는 책읽기를 말한다

꼭 그렇지는 않다. 우리 성인들은 요리에 관한 책에서 요리법을, 아마추어 목공예에 관한 책에서 사용법을, 신문에서 정보 기사를, 잡지에서 광고를, 사전에서 정의를, 전화번호부에서 전화번호를, 지도에서 노정을, 표지판에서 기차 시간표를, 달력에서 날짜 등을 찾는다.

이것이 바로 유치원에서 다양한 글자들을 제시하는 이유이고, 앞에서 인용한 활동들의 이유이며, 그리고 이 활동들은 의도대로 당신의 자녀에게 전적으로 도움이 될 수 있다.

● 종합적인 방법을 쓸 것인가?

나는 "아이가 종합적인 방법으로 읽는 법을 배웠다"라고 조금 성급하게 이야기하는 것에 대해 혼동해서는 안 된다고 생각한다. 모국어의 모든 단어들을 배우는 것을 포함하는 방법은 존재하지 않고, 언어습득에 차질이 없을 정도로 성숙한 모든 유아는 분석을 하고 구별(이러이러한 모르는 단어는 이러이러한 아는 단어처럼 시작된다)을 하게된다.

가장 일반적으로 쓰이는 과정은 의미를 우선으로 하는 소위 혼합과정이다.

— 교재가 만들어지고, 이 교재는 가능한 한 최대한 유아의 흥미에 부응한다.

— 알고 있는 단어들을 찾아낸다.

— 풀이말(키워드)을 떼어내고, 그런 다음 음절로 분해된다(청각적 분해와 시각적 분해).

그러니까 교재에서 글자까지 다룬다.

● 대문자와 구두점은 삭제해야 하나?

성인들은 대문자의 도움으로 알아내고, 이 대문자들은 인명·문장의 시작을 나타낸다. 만약 우리가 유아들에게 대문자와 구두점이 없는 교재를 제안한다면, 유아들은 교재를 읽는 데 어려움을 느낀다. 잠깐 동안 단순화한다는 전제하에 우리는 반대로 더 복잡하게 만드는 것이다. 이것이 바로 현재 유치원에서부터 대문자와 구두점을 찾아내는 이유이다. 유아들이 의문 부호의 도움으로 의문문을 찾고, 따옴표나 괄호의 도움으로 대화를 찾도록 유도한다.

● 유아가 읽는 법을 알자마자 혼자서 그림책을 읽게 내버려두어야 하나?

유아에게는 혼자 읽어서 얻는 기쁨과 성인들이 읽어 준 것을 들어서 얻는 기쁨이 다르고, 하나가 반대로 다른 것을 막지 못한다. 유치원에서, 그리고 4-5세반에서조차 아이들은 선생님이 읽어 준 책을 읽는 데 심취하는 모습을 볼 수 있다. 따라서 당신의 자녀가 읽는 법을 알자마자, 더 어렸을 적에 자신이 좋아하는 이야기들을 부모가 읽어 주었을 때 느꼈던 기쁨을 자녀에게서 빼앗지 마라.

● 관련 정보

읽을거리 묘사

• 읽는 법을 배우길 원하니?

• 배우려면 누군가 필요할 것 같니? 만약 그렇다면, 누가 필요하니?

• 언제 배울 거니?

• 어떻게 배울 거니?

• 읽는 법을 알면 무엇을 할 수 있겠니?

• 읽을거리가 어디에 있을까? 어떤 것들일까?

• 너는 독서하는 사람들을 아니? 누가 독서하니? 무엇을 읽니?

• 너는 책 읽어 주는 것을 들었을 때, 이야기를 이해하니? 만약 그렇다면 넌 어떻게 할 거니? 만약 그렇지 않다면 왜 그러니?

• "나는 《사자 모기 이야기》를 읽는다. 내게 맞는 단어 카드를 보여 줄래?" (유아는 단어의 길이와 동물의 크기 사이에 아무런 관계가 없다는 것을 알아야 한다!)

유아 앞에 다음과 같은 것들이 놓여 있다: 목록, 명부, 유아용 그림책, 소설, 전철이나 버스 승차권(주변 환경에 따라), 지도, 텔레비전 편성표, 그림엽서, 요리책, 편지, 사전, 신문……

질문:

• 나는 옷을 주문하고 싶은데, 내가 읽어야 할 것을 주겠니? 그것을 뭐라고 부르는지 아니?

• 나는 전화하고 싶구나. 내가 너한테 책을 읽어 주고 싶구나.

• 나는 과자를 만들고 싶다.

• 나는 텔레비전 프로그램 방송 시간을 알고 싶구나.

• 나는 내가 모르는 단어를 찾고 싶다.

내 아이에게 어떤 책을 사줄 것인가?
어떤 잡지를 구독할 것인가?

주제의 수·다양성·풍부함과 미적 추구는 선택에 있어서 항상 매우 주관적이기 때문에, 어떤 책들은 간혹 성인들을 만족시키지만 유아들은 그렇게 만족시키지 못한다. 어떤 그림들은 우리를 즐겁게 하는 반면에 다른 사람들을 놀라게 할 수 있다.

몇 가지 지켜야 할 간단한 원칙들이 여기 있다.

— 자녀 스스로가 교사가 읽어 준 그림책들을 가리키면서 자신이 좋아하는 것을 당신한테 말할 것이다.

— 자녀를 상점이나 시립 도서관에 데리고 가서 지켜보라: 자녀가 책의 크기, 겉표지 색깔, 책의 종류(동화)에 관심을 갖는가? 자녀는 손위 형제나 자매 혹은 당신한테서 영향을 받을 수 있다.

— 자녀는 당신이 자주 읽어 준 그림책을 반복해서 읽어 주는 것을 좋아하고, 실제로 아이는 내용을 잘 알고 있어서 만약 한 줄이라도 건너뛰면 금방 알아낼 것이라는 점을 당신은 아마도 눈치챘으리라.

— 동물·바다에 관한 참고 서적과 그림책, 연령에 맞는 사전을 자녀에게 제안할 것을 생각해 보라.

— 아이는 유치원에서 책을 존중하는 것과 정리하는 법을 배운다. 아이의 방이나 이러한 목적으로 마련된 공간에서 자신의 책들을 정리하는 것을 자녀에게 맡겨라.

— 만약 유치원에서 책을 빌려 준다면 당신의 자녀가 고르는 책에 관심을 가져라.

— 유아를 위해 전집을 신청하거나, 생일이나 성탄에 잡지를 구독하는 것에 대해 늘 염두에 두지 않지만, 모든 유아들은 매달 자신의 이름으로 소포받는 것을 매우 자랑스럽게 생각한다. 그것은 반복되는 선물이다!

● 몇 개의 전집…

실제로 모든 출판사는 유치원에 다니는 연령의 유아들을 대상으로 하는 책들을 출판한다:

• Albin Michel jeunesse[출판사, 이하 모두 프랑스어 표기], 다양한 전집. 문장이 거의 없거나 아주 없기 때문에 일반적으로 영아들을 대상으로 하는 생동감 있는 책들을 들 수 있다. 그런데 이 책들은 조작·찾기와 결합되어 있기 때문에 모두를 즐겁게 한다. 마찬가지로 대단히 읽기 쉽다는 장점이 있는 두 가지 그림책을 들 수 있는데, 조형적인 욕구와 더불어 읽기 쉬워야 한다는 점도 대단히 중요하다.

• Bayard Poche, 단순한 이야기나 동화.
• Bias.
• Casterman, 5-7세 유아들에게 유익한 전집.
• Centurion, 18개월-3세의 영아들을 대상으로 하는 전집 《갈색 작은 곰》, 유치원에 잘 알려짐.

• Chantecler, 전집 《오스카》.
• Circonflexe.

- Deux Coqs d'or.

- Duculot.

- L'École des Loisirs, 미학적 추구를 많이 함, 매우 유명한 전집.

- Épigones.

- Flammarion, 전집 《카스토 신부》.

- Gallimard, 참고 서적.

- Gauthier-Languereau, 동화로 유명함.

- Grandir.

- Hachette, 그림책 《바다》

- Hatier.

- Kaléidoscope, 영아들(2세부터)을 대상으로 하는 몇 가지 그림책.

- Larousse, 영아들을 위한 사전 몇 권, 그림책과 비슷하고, 작가가 쓴 내용이 특히 잘 선택됨: 《영아 사전》.

- Le Seuil.

- Messidor. 전집, 《파랑돌》.

- Nathan, 아주 다양한 작품들.

- Nord-sud.

- Ouest-France.

알아야 할 사항:

국립교육자료연구소 인터넷 사이트에 연구자와 교육학자들로 구성된 단체에서 선정한 책들이 있다. 이 가운데 유아들을 위한 잡지들이 있다: Picoti, Toupie, Wakou, Toboggan, Diabolo……

자녀가 유치원에서 쓰기를 배우는가?

● 무엇을 쓰는 것을 배우는가?

"쓰기 교육은 제시된 견본을 다시 만들어 내는 것을 목적으로 하는, 일련의 움직임을 구성하는 법을 가르치는 것이다." 이 움직임들을 구성할 수 있기 위해서는 성숙한 움직임, 유연한 조절 능력, 어느 정도 성숙한 몸짓 등이 필요하다.

● 당신의 자녀는 유치원에서 쓰기를 배운다

교사의 역할은 난필의 유아가 간단한 단어를 **흉내내어 베끼도록** 이끄는 것이다. 어떻게 도와 줄 것인가?
— 서로 다른 도구들을 제공한다(연필, 만년필 등등).
— 다양한 종이를 제안한다(모든 규격과 형태의 종이).
— 유아가 그린 그림의 자연스런 움직임을 이용한다(연기를 묘사한 고리).
— 점점 더 명확한 견본을 제시한다.
— 자녀의 능력을 평가하고, 어려워하는 점을 기록하고, 교정을 도와 준다.

● 필체 실습실과 쓰기 실습실에서 당신의 자녀는 무엇을 하나?

• 당신의 자녀는 경험을 한다! 아이는 자국을 남긴다. 예를 들어 모래판이나 온갖 빛깔의 종이 위에 그린 그림에 손가락 자국이나 면봉 자국을 남긴다……. 이 모든 것은 즐기기 위해서, 환희까지 갈 수 있는 쾌락을 위해서이다! 물론 이러한 도구들을 처음으로 접할 때 종이에 구멍을 내는 것이 보통이지만, 차차 자국들은 보다 뚜렷해지고 원숙해진다.

3-4세의 유아

• **그림을 그리고, 가로 도면과 세로 도면 위에 '글을 쓴다.'**

• 유아들의 능력에 따라 점차적으로 다소 어려운 **장식적인 글씨의 견본을 다시 베껴 쓴다.**

알아야 할 사항:

— 용해되는 커피 찌꺼기에 담근 면봉은 오래된 사진의 이미지에 있는 먹물색의 흔적을 표현하는 데 쓰인다.

— 물결 모양의 마분지는 수직선과 수평선을 연습하는 데 쓰인다.

— 물에 담근 면봉은 칠판 위에 일시적으로 흔적을 남기기 때문에 이러한 기술은 잘못할까봐 두려워하는 유아들을 안심시킨다.

— 다 사용한 볼펜은 모아서 금속 광택이 나는 종이(금지, 은지) 위에 예쁜 고리 모양을 만들어 내는 데 사용한다.

5-6세의 유아

• 일상 생활에서 상황에 맞춰 다음과 같이 **쓴다**:

— 그림 위에 자신의 이름을 쓴다.

— 순간의 관심에 관계된 문장을 쓴다(**눈이 온다**).

— 전달할 말을 쓴다.

— 놀이 요령을 쓴다.

— 간단한 요리법을 쓴다.

— 예를 들어 부모님께 드리는 짧은 소식을 쓴다. **"카니발 행진이 있을 예정입니다……."**

— 그림책에 설명을 쓴다.

유아는 지금 5-6세반에 있고, 곧 초등학교 1학년에 들어가게 될 것이다.

● 의문 사항들

필적 연습은 무엇에 사용되나?

이 활동은 유아에게 다음과 같은 역할을 한다:

— 꼭 필요한 자유로운 움직임을 획득하게 한다.

— 손놀림을 가장 잘 터득하게 한다.

— 단어를 쓸 때 필요한 움직임에 익숙해지게 한다.

예를 들어 왕관 위에 고리를 그릴 때, 유아는 le, elle, Noël, la 등을 쓰기 위해 필요한 움직임을 익힌다.

초등학교 1학년에서조차 글을 쓸 줄 아는 유아들에게도 응용 철자 연습 활동이 권해지는데, 이 활동은 유아들에게 즐거움을 줄 뿐만 아니라 아주 편안하게 해준다.

쓰기 연습은 언제 시작하나?

모든 유아들이 같은 나이에 걷지는 않으며, 쓰기에 있어서도 마찬가지이다…….

이러한 연습을 시작하기 위해서는 유아가 피로해하거나 지루해하지 않으면서 최소한의 신체적인 성숙이 이루어질 때까지 기다리는 것이 필요하며, 동시에 유아가 쓰기의 필요성을 인지해야 한다(기억하기 위해, 의사소통을 위해).

생후 3년 6개월 무렵 유아는 종이 위쪽에 몇 개의 톱니 모양을 써 놓고 자신의 이름을 썼다고 매우 자랑스레 외친다. 여기서 우리는 톱니 모양의 길이가 아이 이름의 길이와 같다는 것을 알았다. 이러한 단계는 인식한다는 것을 분명히 드러내기 때문에 중요하다. 유아들은 그림과 뜻을 나타내는 글씨를 구별한다.

주의 깊은 자녀의 담임교사는 유아가 그런 능력을 갖추었다고 생각되면 베끼는 체계적인 연습을 시킬 것이다. 신체 활동 시간에 제안되는 활동과 손가락놀이 · 조작 등은 쓰기 연습에 필요한 손의 노련함을 얻는 것을 목표로 한다는 것을 알아야 하고, 또한 유치원에서는 이 분야를 섬세한 운동 기능이라 칭한다.

내 아이를 어떻게 도울 것인가?

아이에게 아주 어릴 때부터 그림을 그리도록 **권한다**.

쓰기를 강요하지 않으면서, 아이가 요구하면 쓰기의 견본을 써준다.

용기를 준다.

쓰기의 감각을 완전히 획득했는지 보기 위해 **잘 살핀다**. 교사는 종종 문장의 시작을 나타내는 표점이나 왼쪽에서 오른쪽으로 화살표를 써준다는 것을 알아야 한다. 따라서 자녀가 나쁜 습관을 갖게 될까 걱정스럽다면 주저하지 말고 교사에게 이야기하라.

어떤 견본을 제시하는가?

정부의 유치원 운영 지침에서는 연결해서 쓰는 글씨체와 초서체에 대해 명확하게 말하고 있다. 실제로 초등학교 1학년부터 아이들은 이러한 서기법으로 쓰도록 유도된다. 몇 년 전에는 아이들이 스크립트체를 배웠다. 이 글씨체는 눈부신 결과를 가져오기도 했으나, 아이들은 단어 사이의 간격과 글자 사이의 간격을 혼동했고, 이러한 혼동은 메시지를 불명료하게 만들었으며, 단어 자체가 드러나지 않아서 읽기와 쓰기 훈련에서 어려움을 겪었다.

제시되는 견본은 다양하다:
— 이름, 성.
— 친숙한 세계의 단어들: 아빠 · 엄마 · 형제와 자매의 이름, 좋아하는 동물의 이름, 짧은 메시지: 즐거운 명절, 즐거운 성탄.

【비고】 유아에게 한정사를 사용해서 말하라. 사실 "내가 들고 있어요"라고 말하지 않는다면 '들고 있다'는 아무것도 뜻하지 않는다.

한 글자를 계속해서 쓰게 하는 것은 신중하게 생각해야 한다. 실제로 처음에 쓰는 몇 개의 'e'보다 여덟번째 쓰는 'e'를 제대로 쓰지 않는 경우가 종종 있다. 적게 쓰지만 제대로 쓰는 것, 단어 또는 짧은 문장을 쓰는 것이 바람직하다. 글자를 쓰는 데 어려움이 있는 아이들에게는 반복 연습을 시키는 것이 적절하고, 그 경우에 몇 개의 다른 글자를 쓰도록 하는 것이 도움이 된다.

특별한 색이 있는 놀이책은 종종 당신의 자녀에게 도움이 될 수 있다. 쓰는 일이 즐거워야 하고, 자녀에게 의미가 있어야 한다.

내 아이는 오른손잡이인가, 왼손잡이인가?

4-4년 6개월까지, 많은 유아들이 왼손과 오른손을 모두 잘 사용하는 양손잡이이다. 자녀가 왼손잡이인지 잘 모를 경우 교사에게 문의하면 의견을 말해 줄 것이다.

놀이를 이용한 두 가지 테스트

아이에게 공을 주고, 발로 공을 차게 하라.

아이에게 마분지로 된 원기둥(관심을 끄는 종이 종류)을 주고, 이것을 망원경처럼 사용하면서 물건을 보게 하라.

자녀가 왼발과 왼눈을 사용하는지 기록하라. 이것이 지표가 될 수 있다……. 그러나 신중해야 한다. 불완전한 오른손잡이도 있다!

자녀가 오른손잡이인 것처럼 보일 수 있을 것이다…….

물론 우리의 문화가 항상 오른손잡이에게 우호적인 것은 분명하지만, 우리 주위에 여러 분야에서 아주 유능한 왼손잡이들(스포츠맨ㆍ

예술가 · 공예가……)을 댈 수 있다. 조부모나 가족 중에서 왼손잡이
를 찾을 필요가 없다. 왼손잡이는 유전에 의한 것만은 아닌 듯하다.

2-3세의 자녀

유치원에서, 교사는 자녀에게 오른손이나 양손을 모두 사용하도록
하는데, 이것은 자녀가 양손잡이가 될 수 있는 좋은 기회이다.

4-5세 또는 6세의 자녀

아이는 쓰기를 시작하고, 모두가 인정하는 왼손잡이가 될 수 있다.

불완전한 왼손잡이 유아나 인정된 왼손잡이 유아는 계속해서 귀찮
은 일이 따를 것이 틀림없다. 전문가들은 예술 활동, 특히 도자기 공
예 · 춤 · 음악 등을 시행할 것을 권한다. 어떤 사람들은 오른손잡이의
문화에서 왼손잡이인 유아는 하나의 기회라고 서슴지 않고 말한다.
실제로 일단 어려움을 극복하고 나면 자신의 신체를 제어할 수 있을
것이다. 걱정되는 문제가 있다면, 앙리 드 몽트롱이 쓴 《왼손잡이 만
세》를 관심을 갖고 읽어라.

쓰기에 관한 몇 가지 설명

당신의 자녀는 아주 일찍 자신의 이름을 알아볼 것이고(2-4세반에서부
터), 특히 만약 이러한 점이 특징을 나타내는 것이기는 하지만, 이름이 길고
알아보기 어려운 철자가 있다면 자녀는 훨씬 더 늦어서야 (이름을 보고 베껴
쓰면서, 그 다음에는 기억해서) 이름을 쓸 것이다.

당신의 자녀는 주위에서 서로 다른 형태로 씌어진 단어들을 본다:

인쇄체 · 초서체.

이 점이 바로 2-4세반에서부터 유아가 다른 필체들과 다른 성격의 인쇄에 익숙해지도록 지도하는 이유이다.

유아들이 유치원을 졸업할 즈음에 다음과 같은 것들을 할 수 있게 된다:

— 자신의 이름 쓰기.

— 몇 개의 단어를 외워서 쓰기.

— 몇 개의 단어, 한 문장, 또는 짧은 글을 보고 베낀다.

테스트 문장:

"작은 말이 깡총거린다(Le petit cheval gambade)."

이 문장은 흔히 사용하는 짧은 단어들(le, petit), 어려운 글자들(b, g, h), 글자의 연음(ch, mb)이 있다는 것을 알아보게 해준다.

자녀가 셈하기를 배우는가?
그렇다, 그러나 단지 셈하는 것만을
배우는 것은 아니다……
아이는 문제를 해결한다!

● 2-4세의 유아가 하는 것

교실에서의 일상 생활

— 유아는, 예를 들어 성인이 출석한 유아들을 부르거나 계산할 때 수를 세거나 수를 사용하는 것을 듣는다. 유아는 혼자서 수를 세려고 노력한다.

— 적합한 공간에 물건을 정리한다.

— 간단하고 짧은 셈노래를 배운다.

> "사과 하나,
>
> 사과 두 개,
>
> 사과 세 개, 흠!"

— 간식으로 나온 과자의 개수를 센다.

놀이 공간과 실습실에서

— 도구를 정리하고 분류한다(포크 · 숟가락 · 접시 · 잔). 유아들을 위한 2인용, 3인용, 4인용 식탁을 차린다.

— 상점 공간에서 정리하고, 분류하고, 교환한다(꾸러미 하나에 동전 3개).

— 차고 공간에서 자동차를 색깔별로 분류하고, 수를 센다.

— 학습용 게임 공간에서 끼워넣기, 간단한 형태의 조각맞추기를 한다.

— 집짓기놀이 공간에서 다소 높은 집, 다소 긴 기차를 만든다.

— 손을 사용하는 활동 공간에서 실로 구술을 꿴다(예를 들어 빨강 구슬 2개, 초록 구슬 2개).

● 5-6세의 유아가 하는 것

교실에서의 일상 생활에서

— 출석한 유아들, 결석한 유아들, 유치원에서 점심을 먹는 유아들의 수를 센다.

— 숫자를 읽고 쓴다.

— 달력에서 날짜를 찾아본다.

— 자신의 나이를 말한다.

— 한 묶음의 번호를 사용한다.

— 복잡한 수에 관한 셈노래를 배운다:

"1, 2, 3, 4
나는 다리가 네 개
5, 6, 7, 8
나는 빨리 달려요
9, 10, 11, 12
내 옷은 부드러워요

13, 14, 15
나는 개구쟁이죠
16 그리고 17
나는 병아리를 좋아해요
18, 19, 20
나는 냄새를 잘 맡죠.
그만! 멈추세요!

너 여우지

내가 맞혔다."

— 주변에서 수와 숫자를 발견한다.

— 간식에 나온 과자를 분배한다.

놀이 공간과 실습실에서

— 주방 공간과 상점 공간에서 분류하고, 정리하고, 세고, 교환하고, 가격표를 취급한다.

— 측정 기구를 발견한다: 저울, 모래시계, 자…….

수학 실습실에서

유아들은 자유롭게, 또는 지시에 따라 다양한 실습을 하게 되거나 수에 관계된 상황을 접하게 될 것이다. 이 실습실에는 다음과 같은 것들이 있다:

— 분류놀이, 리듬놀이, 구슬꿰기놀이, 나무쌓기놀이, 집짓기놀이에 사용되는 다양한 재료들.

— 더 특수한 재료들: 카드놀이, 도미노놀이, 로토놀이, 경마게임, 쌍륙, 주사위…….

— 아주 특수한 재료들: 작은 자, 수학적 놀이.

— 기하학적인 형태를 발견하게 하고, 그것으로 놀이를 할 수 있게 해주는 재료들: 이 재료들을 나란히 놓거나 겹쳐 놓는다(기하에 민감해진다).

"유아는 자신 앞에 놓인 문제들을 해결하는 방법을 찾기 위해 모색

하는 전략을 실행할 수 있어야만 한다."

몇 가지 수학적인 상황

물놀이 공간에서, 유아들은 자유로이 노닐고 다양한 재료를 경험한다: 형태는 다르지만 같은 용량의 그릇, 같은 모양이지만 다른 용량의 그릇, 모든 크기의 병들, 용기며 깔때기, 숟가락 등. 유아들은 가득 담고, 쏟고, 측정한다. 이때 교사는 지시에 따라 실습하게 하고, 문제를 제시한다: "어떤 병에 물을 가장 많이 담을 수 있나?"

유아들은 주사위를 가지고 쌍륙놀이를 한다. 6까지 점수의 집합을 식별하는 걸 배우고, 그리고 2개의 주사위로 놀이를 하는데, 이때 합산하는 문제(예를 들어 6+4)에 직면하게 되고 3+3, 4+2, 5+1은 6이 된다는 것을 알게 된다.

52장의 카드놀이를 한다……. 빨간색 카드, 검은색 카드, 인물들을 분류한다. 성인은 지시에 따르는 놀이를 제안한다:

— 전쟁놀이.

— 카드를 잘 알게 해주는 복권놀이, 수수께끼놀이. 유아들은 다음과 같은 문제에 직면한다: 제일 점수가 높은 카드에서 가장 점수가 낮은 카드까지 정돈하기.

시장놀이

놀이를 통해서 유아들은 무거운 물건, 가벼운 물건, 다른 것보다 더 무거운 물건에 주목한다. 유아들은 손으로 무게를 재면서 물건들의 질량을 어림하여 알도록 이끌어질 것이다. 저울을 사용하게 됨으로써 도구를 다루는 기술을 처음으로 습득하게 될 것이다.

유아들은 가게에서 개암 열매·밤·도토리·쌀 등을 이용할 수 있을 것이다. 이때 교사는 유아들에게 체계적인 활동들을 제안한다.

— 같은 질량이지만 아주 다른 형태의 물건들.

— 같은 모양과 같은 용량이지만 다른 질량의 상자들.

— 같은 성질과 같은 형태이지만 다른 크기의 물건들.

— 다른 물질이지만 같은 길이의 물건들.

이러한 재료에서부터, 그리고 많은 경험에서부터 유아들은 **비교와 정돈**의 체계적인 방법을 세우게 될 것이다.

축제 준비

예를 들어 성탄 때에 유아들은 선물 포장지나 리본뿐만 아니라 맛있는 사탕과자나 작은 장난감을 담는 포장 상자를 사용할 수 있다. 유아들은 이것들을 잘라서 상자를 완전히 싸려고 애쓰지만, 유아들은 문제에 직면하게 된다. 차츰 유아들은 작은 종이 한 장으로 큰 상자를 쌀 수 없다는 것과, 상자를 한 번 두르기 위해서 일정한 길이의 리본이 있어야 한다는 것을 관찰한다. 이때 유아들이 수학적인 단어(보다 더 긴, 보다 더 짧은, 같은 길이의 등등)와 참고 단위를 사용하게 한다.

과자를 만드는 일은 흥미로운 상황을 제공하고, 유명한 요구르트 케이크나 (밀가루 · 버터 · 설탕 · 계란을 똑같은 분량으로 섞어 만든) 카트르-카르 케이크의 요리법과 같은 요리법 몇 개는 특히 수학적인 개념에 접근하기 위해 이용된다!

이 요리법을 읽으면서 유아들이 계량과 두 번, 세 번의 개념을 발견할 수 있음을 알 수 있다.

카트르-카르 케이크	요구르트 케이크
달걀 3개의 무게를 단다. 같은 무게의 밀가루 · 버터 · 설탕을 준비한다. 달걀 노른자 위에 설탕을 넣어 섞고, 버터와 밀가루를 조금씩 넣어 가며 이긴다. 휘저어 허옇게 거품이 인 달걀 흰자를 넣는다. 오븐에 넣어 중간 불에 40분 동안 굽는다.	재료: — 요구르트 한 공기. — 설탕 2공기, 밀가루 3공기, 기름 반공기. — 전부 섞는다. — 오븐에서 중간 불에 40분 동안 굽는다.

● 이 분야에서 아이를 어떻게 도울 것인가?

언어 습득이나 읽기에 다가가기 위한 것과 마찬가지로 다음과 같은 점이 바람직하다:

— 아이의 질문에 대답해 준다("~이 몇 개 있어요?").

— 산책할 때 아이의 질문에 대답해 준다. (우리 주변에 글자와 마찬가지로 숫자들이 있고, 왜인지는 잘 모르겠지만 유아들은 주변의 숫자를 보고 좋아한다. 예를 들어 보자: 자동차의 광물성 번호판, 번지수, 가게의 상품 가격, 버스 번호를 나타내는 숫자, 도로 표지판의 거리 표시 등).

— 아이와 일곱 가족놀이, 도미노놀이, 쌍륙놀이, 경마 게임을 하라.

— 종종 재미있는 셈노래를 아이와 함께하라.

수에 관한 셈노래 몇 편

1, 2, 3   나는 숲으로 갈 거야
4, 5, 6   버찌 따러
7, 8, 9   새 소쿠리에
10, 11, 12   새빨간 버찌를 가득
            채울 거야.

– 하나, 둘
나는 알을 두 개 낳았지
파란 암탉이 말하네.
– 하나, 둘, 셋
나는 알을 세 개 낳았지
거위가 대답하네.
– 다섯, 여섯, 일곱
나는 알을 일곱 개 낳았지
어린 암탉이 대답하네.
– 여덟, 아홉
내 알이 얼마나 예쁜지.
          (클로드 로이)

나비들의 왕, 팽파니카이유는
면도하다 그만 수염을 잘랐네.
숲 하나, 둘, 셋.
회양목 넷, 다섯, 여섯.
황소 일곱, 여덟, 아홉.
쇠똥 열, 열하나, 열둘.
툴루즈로 가라.
1, 2, 3   날씨가 춥구나.
4, 5, 6   누가 카시스를 원하나.

1, 2, 3   왕의 따님이
4, 5, 6   자기 슈미즈를 판다네
7, 8, 9   그리고 새 모자도
10, 11, 12 신부가 되기 위해
13, 14   북을 치는 장교의
15, 16   프랑스 군대의.

1, 2, 3   아주 깊은 숲 속에
3, 2, 1   작은 오솔길 하나
1, 2, 3   당신을 곧장 데려다 줘요
3, 2, 1   난쟁이 왕이 사는 곳에.

에펠탑은 높이가 3백 미터죠
꼭대기에 다다르려면
사다리가 필요하죠
1, 2, 3, 4, 5, 6… 미터 길이의.

하나, 둘, 셋,
지붕 위에 있었죠
넷, 다섯, 여섯
셔츠를 입은 암평아리가
일곱, 여덟, 아홉
달걀을 단 하나도 깨지 않고
열, 열하나, 열둘
기름을 조금 두르고
열넷, 열다섯 그리고 열일곱
오믈렛을 만들려고 했던
열셋은 어디 있나요?
열여섯은 어디 있나요?
손가락한테 도와 달라고 하세요, 테레즈.

다섯 마리 초록색 깨새가
한쪽 다리로 서서 돌아요.
한 마리가 다리가 부러져서
네 마리밖에 없어요.
네 마리 초록색 깨새가
작은 가지 위에서
한 마리가 날아가고
세 마리밖에 없어요.
세 마리 초록색 깨새가
축제에 가요
한 마리가 꼬리를 집혀서
두 마리밖에 없어요.

두 마리 초록색 깨새가
목청을 다하여 노래해요
달이 밝게 비치고
한 마리만 남았어요.
한 마리 초록색 깨새가
혼자 남아 슬퍼요
그런데 저기 여우가 와요
이젠 한 마리도 없어요.

퐁네프 다리를 지나가는,
열 명의 작은 주방 하인들,
한 명이 건너가기를 원해서,
아홉 명만 남았네.
하나, 둘, 셋, 넷, 다섯, 여섯,
일곱, 여덟, 아홉, 열,
송어 낚시를 하기를 원하는,
아홉 명의 작은 주방 하인들,
그 중에 한 명이 물에 빠져서,
여덟 명만 남았네.
하나, 둘, 셋, 넷, 다섯, 여섯,
일곱, 여덟, 아홉, 열,
태풍에 용감히 맞서는,
여덟 명의 작은 주방 하인들,
그 중에 한 명이 없어져서,
일곱 명만 남았네.
하나, 둘, 셋, 넷, 다섯, 여섯,
일곱, 여덟, 아홉, 열,
스위스로 가는,
일곱 명의 작은 주방 하인들,
한 명이 기침을 시작해서,
여섯 명만 남았네.
하나, 둘, 셋, 넷, 다섯, 여섯,
일곱, 여덟, 아홉, 열,
한 명의 작은 주방 하인이 결혼을 해서,
12명의 아이들을 낳았다네.
전부 다시 시작해야 해요.

— 실제 상황에서 실제의 것들을 자녀가 세도록 하기 위해서 우연한 상황을 이용한다. 예를 들어 식탁을 차리고 과일의 수를 세며, 초대받은 사람마다 과자 2개씩 주기 등등. 자녀가 물건의 적은 수를, 한눈에 재빨리 확인하는 것에 주의하라. 만약 아이가 손에 사탕 4개를 쥐고 있다면, 하나하나 세지 않고도 말할 수 있어야 한다. 마찬가지로 당신은 자녀와 함께 재료들을 세고 분량을 정하면서, 요리를 하고 케이크를 만들 수 있다. 당신의 자녀가 아주 좋아하는 수학적인 놀이를 알려 달라고 교사에게 요청하라. 자녀에게는 수학적 놀이가 예를 들어 지혜의 판(나뭇조각을 조립하여 만드는 퍼즐)과 같은 장난감이 될 것이다.

● 유아의 초보적인 논리

• "세 명의 남자 형제, 피에르 · 폴 · 장이 있는 가족이 있다. 장은 남자 형제가 몇 명인가?"라는 질문에:
— 5세의 유아 12명 가운데 1명이 3이라고 대답한다.
— 6세의 유아 12명 가운데 7명이 2이라고 대답한다.
— 6세의 유아 12명 가운데 4명이 3이라고 대답한다.
— 6세의 유아 12명 가운데 1명이 1이라고 대답한다.
— 7세의 유아 12명 가운데 12명이 2라고 대답한다.

• "장은 피에르보다 더 금발이다. 피에르는 폴보다 더 금발이다. 세 형제 중에 누가 제일 금발인가?"라는 질문에:
— 5-6세의 유아들은 되는 대로 대답한다.

― 7세의 유아 12명 가운데 3명이 정확하게 근거를 대며 답한다.

• "태양은 살아 있는가?"라는 질문에:
― 5-7세의 유아들 대부분이 "그렇다"라고 대답한다:
― 빛나기 때문에.
― 구름이 태양을 차갑게 만들기 때문에.
― 살갖을 태우기 때문에.
― 움직이기 때문에.
― 하늘에 있기 때문에.

4세의 한 유아는 "비가 오기 때문에 나는 장화를 신었다" 대신에, "내가 장화를 신으니까 비가 왔다"라고 대답할 수 있을 것이다.

• "나무들은 살아 있는가?"라는 질문에:
― 5-7세의 유아들은 종종 "아니다"라고 대답한다:
"나무들은 움직이지 않기 때문에."
"나무들은 먹지 않고, 입이 없기 때문에!"

어린이들은 일반적으로 "하늘이 화가 났기 때문에 비가 내린다거나, 또는 배가 무거워서 물에 떠다닌다"라고 대답할 것이다.

3세의 유아는 달걀 모양의 하얀 돌을 발견하여 흔들어 보고는 안에서 아무 소리도 들리지 않는 것에 놀란다.

만약 빨강·초록·파랑 쇠고리 3개가 순서대로 구르는 관을 보여 주고 이 관을 반대 방향으로 기울이면, 유아들은 고리가 나오는 순서를 예견하지 못한다……

관련 정보

안정된 셈노래

자녀가 1-2-3-4-5-6-7-12-15-18 또는 1-2-3-4-5-6-7-13-17을 센다면, 이는 이 시기에 7까지 셀 줄 안다는 것을 말한다: 이것이 당신 자녀의 불변의 셈노래이다.

아무 정보 없이 유아들에게 숫자를 암송케 해서 그 수를 세도록 할 수도 있지만, 집합을 식별하는 것, 말하자면 주사위의 점 넷, 도미노 위의 다섯 가지 물건 등을 한눈에 알아내도록 가르치는 것이 훨씬 더 중요하다.

6세 미만의 유아는 어떤 수까지 셀 수 있나?

그것은 명확한 한계 없이 유아와 셈의 성격에 따라 다양하다. 수를 말하는 셈노래에 관한 문제라면, 많은 유아들이 높은 수까지 연도를 노래할 수 있지만, 이것은 수학 분야에서의 능력과는 관계가 없다. 실제 상황에서 셈하기에 관한 문제라면, 생후 5년 6개월, 6세의 유아들에게는 15 또는 20을 넘는 것이 필요하지 않다.

과도하게 세는 것

성인들은 어떤 숫자부터든지 숫자를 연속으로 계속해서 세지만, 유아 자신은 1에서부터 다시 시작한다. 유아가 6 또는 7, 또는 다른 어떤 숫자부터 시작할 수 있을 때, 사람들은 아이가 **과도하게 센다**고 말한다.

세상을 발견하다
호기심은 나쁜 결점이 아니다!

———

유치원은 자녀로 하여금 가장 다양한 분야에서 발견하고 경험하게
한다.

유 아

사물의 세계를 발견하다	살아 움직이는 세계를 발견하다
물질의 세계를 발견하다	자연 공간, 인류를 발견하다
흐르는 시간을 발견하다	영상의 세계를 발견하다

이 장은 내게 가장 힘들었던 장으로, 나는 그 이유를 잘 안다!

이유는 바로 이런 발견에서 저런 발견을 하게 되는 유아의 나이 때문인데, 그들은 모든 것을 만져 보고, 질문하고, 감탄하거나 또는 반대로 전혀 놀라지 않는다! 유치원은 학교 세상에서 얻은 지식을 조직할 수 있게 되는 장소이다.

유아가 매우 진지하게 식물에 물을 주거나 자라는 것을 보고 싶어서 식물들을 측정할 때, 또는 입김을 내불면 바람개비가 돌아간다는 것을 알았을 때, 비행기를 만들기 위해 나뭇조각 2개를 합칠 때, 유아는 이러한 경험들이 생물학·물리학·기술의 영역에 속한다는 것을 아직 알지 못한다. 이것저것 모색하는 이러한 경험들은 유아 자신과 세상 사이에 존재하는 관계를 스스로 인식토록 하는 데 기여할 것이다.

유아의 경험은 모든 분야에 있어서 다른 것과 바꿀 수 없는 귀중한 것이다. 유명한 연구자인 피아제는 "유아는 **성인이 한 가지 경험을 보여 주는 것을 보면서** 30분을 보내는 것보다, 3일 동안 비록 한 가지의 경험이라도 **자신 스스로가 해서** 이익을 보는 것을 끊임없이 반복해야 한다"라고 말할 수 있었다.

이는 매우 중요하며, 우리 모두는 유아들 스스로가 경험할 때까지 기다리는 인내심을 가져야 할 것이다.

사물의 세계를 발견하다

• 유아는 일상 생활에서 다양한 기술적인 물건을 사용한다: 주방 공간에서 나무 숟가락, 금속성의 숟가락, 거품기, 거르는 기구, 전기 제품을 다룬다. 조작 활동 실습실에서 가위, 핀셋, 롤러, 다양한 도구를 사용한다.

• 유아는 예를 들어 사용하지 않는 자명종이나 라디오와 같은 물건들을 조립하고 분해해서 나사못·너트·전선 등을 모은다.

• 유아는 물건을 제작한다. 유아는 상황에 맞는 도구와 재료를 선택해야 하고, 접기·자르기·붙이기와 같은 기술을 배워야 한다.

유아는 바람개비, 부채, 종이로 된 작은 상보, 환영의 왕관, 점토나 밀가루 반죽으로 만든 물건, 꼭두각시 등등 아주 다른 물건들을 가져올지도 모른다. 아이는 유치원에서 만든 멋진 모자나 왕관을 가져올 것이다. 당신은 교실에서 모빌을 볼 수 있는데, 이 모빌은 평형에 관한 활동, 꾸미기 활동, 탐구와 모색, 모형, 입체감 있게 만들기 등을 필요로 하는 것이다.

물질의 세계를 발견하다

우리는 거의 모든 2-4세반에서 물통과 대야를 볼 수 있다. 2-4세

● 관련 정보

몇 가지 활동들

집짓기놀이 실습실

영아들은 큰 재료들을 선호하고, 또 큰 재료밖에는 사용할 수 없다. 영아들은 올리고 포개며, 다소 안정되게 쌓아올린다. 그러나 영아들의 주된 즐거움은 쌓아올린 것을 무너뜨리는 데 있는데, 아주 순간적인 이 즐거움은 웃음을 터뜨리는 것으로 알 수 있다고 해야겠다. 4-5세반의 유아들은 중요한 것을 실현하게 해주는 큰 재료들을 여전히 좋아하지만, 굴러가는 기구, 톱니바퀴를 만들기 위해 나사로 죄며, 나사를 풀고, 돌리고, 맞추는 것과 같은 더 세밀한 조작을 하게 해주는 재료들도 좋아한다.

5-6세반의 유아들은 복잡하고 상세한 놀이, 생각과 성숙을 요구하는 놀이를 종종 좋아한다. 5-6세반의 유아들은 운동·평형·속도에 대해 질문하기 시작한다.

기술 실습실

계획에 따라서는 주제가 많을 수 있고, 그리고 유치원의 상황·흥미·재료에 의존된다. 예를 들면 비탈에서의 운동, 바퀴, 도르래, 톱니바퀴, 모터, 기둥, 용수철, 자석, 저울, 만들기(배, 글라이더, 연, 물레방아), 특별한 재료를 가지고 하는 놀이(레고).

기상대 실습실

이 실습실은 아주 흔히 창문이나 마당으로 나 있는 문 가까이 설치될 것이고, 일련의 관찰들은 밖에서 이루어진다. 실습실에는 빗물을 받을 수 있는 그릇, 온도계, 전신 약호로 된 기압계(해, 비, 구름), 통풍관 등이 있고, 내부에서 실내온도와 실외 온도를 비교하게 해주는 온도계가 있다.

의 유아들은 단순히 만지거나, 간혹 흙탕물을 튀기면서 물을 가지고 노는 것에 싫증내지 않는다!

성인은 마개, 코르크, 스티렌 수지 재료, 자갈, 모양을 만들 점토 등을 권한다.

유아들은 어떤 재료들은 물 표면에 뜨는 반면에 다른 재료들은 바닥에 가라앉는다는 것을 알아차릴 터이고, 생각을 통해서 또는 우연히 토론을 하게 되는 상황이 생기게 된다. 예를 들면 자갈은 가라앉지만 판자 위에 놓으면 물속으로 가라앉지 않고, 조가비는 뜨지만 물을 가득 채우면 가라앉는다!

마찬가지로 유아들은 소금·설탕은 물속에서 없어지지만, 렌즈·씨앗·자갈은 항상 그곳에 있다는 것을 알아차릴 수 있다. 또한 어떤 재료들은 물을 통과시키고, 다른 재료들은 물을 통과시키지 못한다. 난방기 위에 놓인 컵받침에 담겨 있는 물은 사라지고, 추운 겨울날에 물은 얼음이 된다.

이따금 성인은 상세한 설명을 해줄 수가 없는데, 그 이유는 유아들의 논리로는 이해할 수 없기 때문이다.

● 관련 정보

몇 가지 활동들

조작 활동-실습실

2-4세의 유아들은 물·모래·흙을 다른 그릇에 옮길 수 있고, 밤이 가득 담긴 그릇을 다룰 수가 있다. 이 실습실에는 다음과 같은 것들이 있다: 도토리, 호두껍질, 조가비, 나뭇잎, 솔방울, 공, 코르크 병마개……

살아 움직이는 세계를 발견하다

유아는 살아 있는 것의 특성, 먼저 자신에 대해 관찰한다. 유아는 자신이 음식을 섭취하고, 이동하며(움직이며 걷고 달린다), 밤에는 자고, 단장을 한다는 것을 깨닫는다. 유아는 모습이 달라지고, 크고, 살찌고, 머리카락이 자라고, 5-6세경에 이가 빠지고, 그리고 자신이 보고, 듣고, 냄새 맡으며, 만지고, 맛본다는 것을 알아차린다.

유아는 또한 동물들을 관찰한다. 이것이 가능할 때, 유아들이 실제로 유치원에서 동물들을 보고 좋아하고, 돌봐 주고, 새끼들이 태어나는 것을 보고, 동물들에게 먹이를 주고, 동물들을 괴롭히지 말아야 한다는 것을 이해하는 기회를 갖는 것이 좋다.

유아는 식물을 관찰한다. 우리는 종종 교실에서 정원 공간을 볼 수 있다. 이 정원 공간은 매우 다채롭고, 당연히 유치원의 설치 결정에 의존되며, 화초 재배 상자의 형태로 있을 수 있다. 정원 공간에서는 씨를 뿌리고, 심고, 그리고 특히 만개 현상에 연계된 관찰을 할 수 있어서, 식물들이 자라기 위해서는 물과 빛, 돌보아 주는 사람이 필요하다는 것을 깨닫는다. 다른 유치원에는 채소밭이나 꽃밭이 있다. 그래서 유아들은 진짜 도구들을 사용하고, 원예는 계절과 관계(비, 햇볕, 기온의 중요성)가 있다는 것을 깨닫고, 괴상한 옷차림을 한 허수아비를 만들고, 정원과 마당에서 찾을 수 있는 몇몇 동물들(달팽이, 지렁이, 곤충……)의 생태를 관찰하는 것이 가능하다.

▌가까이 있는 공간과 좀더 떨어져 있는 공간을 발견하다

유아들은 계속해서 다음과 같이 하도록 이끌어진다:
— 교실 공간을 탐사한다,
— 유치원 안에서의 보물찾기와 길찾기 놀이를 통해서 가까운 환경을 탐사한다. 예를 들어 교실에서 식당을 지나 놀이방까지 가기, 지역 방문이나 사진 또는 간단한 묘사나 경로를 토대로 길찾기(유치원에서 수영장까

지, 피에르 집에서 질의 집까지……). 유아들은 풍경을 이루는 요소들을 발견하고 관찰하는데, 만약 마을 또는 작은 도시나 대도시에서 산다면 들판에서, 바다에서, 산에서, 숲 근처에서, 하천가에서, 강가에서, 상가 가까이, 또는 대로변 등에서 배운다.

유아들은 부모의 직업을 연구하고, 유치원에서 가까운 교통 수단들을 연구한다. 유아들은 또한 다음과 같이 하도록 이끌어진다:

— 숲 속이나 바닷가 산책 수업을 통해 도시 방문, 정보 수집과 더불어 거리 앙케트 조사의 도움으로 좀더 먼 곳의 환경을 탐사한다.

— 탐험 학습과 야외 학습 덕택에 새로운 환경을 탐사한다. 항상 유아들의 평범한 생활 환경과 유아들이 발견하는 새로운 환경 사이의 비교를 통해서 관찰이 이루어진다.

▌흐르는 시간을 발견하다

● 일상 생활에서

기회가 많다:

— 유아의 가족과의 생활에서 회상하기(어제 한 일, 내일 할 일, 유치원에 도착하기 전에 한 일).

— 달력 만들기.

— 주간 달력이나 월간 달력 사용하기.

— 자명종, 시계 사용하기(교사는 자신의 시계를 사용해서 일정한 때

에 시간을 이야기해 준다).

— 실내 유희를 하기 위해 모래시계 사용하기.

— 축제나 생일 잔치 활용.

● 실습실에서

실습실에는 자명종, 모래시계, 분시계, 물시계, 해시계, 사진첩, 다른 형태의 달력, 일력, 연중 다른 시기에 찍은 같은 나무나 같은 풍경의 사진들과 같은 자료들, 연령표, 유아들이 어렸을 때의 사진 등이 있다. 유아들은 실습실에서 지역의 문화 유산도 찾아볼 수 있다. 예를 들면 오래된 우편엽서와 같은 장소를 찍은 최근 사진의 복제품, 옛날 직업에 대한 포스터, 지역 화가 작품의 복제품, 옛날 광고지, 다른 시대의 사람들이 등장하는 사진첩.

유치원에서의 시간에 대한 문제는, 아직까지 실제로 역사에 관한 문제가 아니라 '과거에 대해 인식하고 있는가' 하는 문제이다. 그리고 유아들의 곁에는 '어떤 놀이들을 했나요?' '텔레비전은 있었어요?' 라는 질문을 받아 줄 성인, 연장자들이 있다. 또한 유아들은 과거의 자취를 좇기 위해 성이나 기념 건조물 등을 방문한다.

● 관련 정보

유아들이 갖는 시간 개념

성인들은 일반적으로 자신들의 사회적 사건들과 사적 사건들을 정리할 수 있다. 마찬가지로 성인은 유사 세계에서 행동할 수 있다 (다소 쉽게).

유아에게 있어서, 시간은 단지 아주 천천히 조직화되어 갈 뿐이다:

— 2세부터 유아는 기억을 하지만 불명확하고 빨리 사라진다.

— 성인의 도움으로 시간을 나타내는 단어, 전에, 후에 등을 제대로 사용하게 되지만, 유아는 예

3일만 자면

를 들어 내일이 오늘이 된다는 것을 이해하는 데 어려움을 느낄 것이다.

조금씩 시간은 조직화될 것이다:

— 개인적이고 주관적인 시간에서. 성인들은 지루한지 흥미가 있는지에 따라서 다소 급히 지나간 시간을 바라본다.

— 축제와 같은 사회적 시간에서. 유아는 사회에 통합되어 감에 따라 아주 천천히 시간을 계획할 것이다.

역사와 지리

우리는 몇 년 전 역사에 관계되는 모든 것에 대해 일련의 열광하는 현상이 다시 생겨나는 것을 보았다. 역사는 다음에 의해서 표현되었다:

— 대중 매체의 개입.

— 각자의 뿌리를 다시 찾으려는 욕구, 앞선 사람들의 발자취를 다시 찾으려는 욕구, 여기에서 민속

의 복귀가 이루어진다.

— 과거에 관계되는 모든 것에 대한 관심: 골동품을 파는 가게에서는 가구·도구·용기·다리미·커피 가는 기구 등을 내놓고 있다. 이 주제에 관한 책들이 많다.

— 역사 소설이 크나큰 성공을 거둔다.

영상 세계를 발견하다

우리 시대 유아들이 넘쳐나는 영상에 **공격받고** 있다는 것과, 유아들이 이 영상들을 구상하고 조직화하도록 돕는 것이 중요하다는 것만을 명확히 할 필요가 있을 뿐이다.

유치원에서는 여러 가지 다른 목적을 위해 종종 영상을 이용한다:

— 유아들을 말하게 하고, 감정을 표현하게 하고, 토론하게 하고, 역사를 발견하게 한다.

— 영상을 **읽는** 법을 배운다. 즉 묘사하고, 자신들의 선택을 설명하고, 선택한 것을 논증하는 것을 배우게 한다.

— 개인적 시각의 차이에 따라 다르게 **보는** 것이 불가능한 요소들(바다, 산, 먼 나라)을 발견하게 한다.

— 유아들이 세상을 상상해 볼 수 있도록 사물을 표현하는 것이 무엇인지 보여 준다.

— 현실에 초점을 **맞추려는** 사진들, 그림을 소개하는 영상, 작가의 개성을 반영하는 창작품들 간의 차이점을 유아들에게 보여 준다.

— 평범함을 **벗어나는** 효과를 유아들에게 보여 주면서 유아들의 상상력을 개발한다. 예를 들면 물결의 작은 물방울, 물구덩이 속의 햇빛의 투영, 눈송이 등등······.

자녀가 세상을 발견하는 데 어떻게 도울 것인가? 호기심을 유발하라!

● 사물의 세계

당신은 자녀가 아기였을 때 즐겁게, 놀라게, 혹은 보게 하려고 예를 들어 단추를 누르면 음악이 흘러나오는 소리나는 매트나 판을 주어, 자신을 만족시키는 어떤 것을 갖기 위해 움직이도록 유도하였을 것이다.

아주 어린 당신의 자녀는 기어서 이동할 수 있게 되면서, 그리고 걸을 수 있게 되면서 세상을 탐험하게 되는데 무엇보다도 먼저 집을 탐험하러 나섰다! 부모에게 있어서 이때는 매우 힘든 시기이고, 안전을 염려해서 모든 것에 주의를 기울여야만 한다.

(유치원에서 몇몇 유아들은 처음 며칠 동안 호기심에 혹은 새로운 것에 탐이 나서 모든 것을 만지고, 보고 싶어하고, 경험해 본다.)

당신은 자녀가 좀더 자란 4세 즈음하여 몇 개의 단순한 물건을 다루면서 즐거워하였고, 예를 들어 자명종 · 모래시계 · 물시계 · 용수철과 같은 좀더 신기한 물건들에 매혹되었던 것을 알고 있다.

2-6세 사이의 유아
— 아직 알지 못하는 사물의 이름을 반복해서 말하기를 좋아하는데, 이 이름이 복잡할수록, 정교할수록 반복해서 말하기를 좋아한다.

— 평범하거나 생소한 **사물을 먼저 만져 보는 것을 좋아하고**, 그런 다음 그 물건들의 용도나 기능을 알고 싶어한다. 모래시계 안에서 모래가 완전히 떨어지는 것을 참을성 있게 기다릴 것이고, 모래시계가 계란을 요리할 때 시간을 재는 데 이용됨을 이해할 것이다.

— **기계 장치를 보고 이해하고자 한다.**

— 가정용 수동 야채믹서, 강판, 자전거에 공기를 넣는 펌프와 같은 **해가 없는 몇몇 물건들을 사용하는 것을 좋아하고**, 유아는 동시에 위험한 물건들에 대한 주의점을 배울 것이다.

— **질문하는 것을 좋아한다**: "이건 어떻게 움직여요?"

— **자신이 발견한 것을 다른 유아들이 관심을 가져 주는 것을 좋아하므로** 자녀에게 유치원에서 본 것에 대해 질문한다.

— **수집하는 것을 좋아한다.** 모으게 하라, 유아는 천연 재료들인 작은 물건들을 모을 것이다.

이러한 욕구에 부응하라. 자녀에게 그림책 형태로 된 책들을 읽어 주어라.

소리를 듣게 하고, 냄새를 맡게 하고, 음식의 맛을 느끼게 하라: "이것은 달고 짜며 쓰고 시다." 자녀가 몇 가지 물건들을 평가해 보도록 하라. 그러면 아이가 자신의 장난감의 플러시 천, 타월 천에 얼마나 민감한지를 알 것이다.

빌레트에 있는 엥방토리움과 같은 **몇몇 기술박물관에 자녀를 데리고 가라.**

엥방토리움은 유아들을 생각해서 놀이와 발견을 통해 과학과 기술에 다가갈 수 있게 한다. 1천 제곱미터에 걸쳐 세워진 이 박물관은 2개의 공간으로 나뉘어지는데, 하나는 3-6세의 유아들을 위한 공간이고, 다른 하나는 6-12세의 어린이들을 위한 공간이다.

유아들은 만지고 관찰하고 조작하며 시험한다. 엥방토리움은 과학 단지와 더불어 과학과 기술과의 훌륭한 첫번째 접촉을 하게 해준다. 3-6세 사이의 유아들은 그곳에서 물, 빵, 기계, 컴퓨터 게임, 건설공 사장 등을 발견할 수 있을 것이다. 부모들을 그곳에 들어갈 수 없다! 그러나 자녀들을 볼 수는 있다.

과학과 기술에 관한 잡지들은 자유로이 열람할 수 있다. 6세 이상 의 유아들은 그곳에서 물을 끌어올리는 기계, 통화하기 위한 기계, 컴퓨터 등을 볼 수 있고, 물·공기·불이 사람을 위해 일한다는 것을, 그리고 식물이 살아 있다는 것을 배울 것이다. 당신의 자녀는 임시전 시회를 통해, 예를 들어 오감, 식량, 곤충과 꽃, 집짓기놀이에 특히 흥미를 가질 수 있을 것이다.

● 자 연

이미 얼마 전부터 자연, 식물과 동물의 삶과 친밀해지고자 하는 시 도는 텔레비전 방송뿐만 아니라 게시물, 홍보, 책의 수단으로 잘 표 면화되었다. 우리가 보았듯이, 4-6세 사이의 유아들은 자신들을 둘 러싸고 있는 삶에 대해 인식하고 자연을 존중하기에 너무 어리지 않 다. 2-6세 사이의 유아들은 다음과 같은 것을 **좋아한다**:

— 꽃 따기.

— 밤, 도토리, 솔방울 줍기.

— 작은 동물들(개미, 무당벌레) 관찰하기.

— 나뭇잎(자녀가 아주 간단한 식물 표본을 만드는 것을 도와 주라. 현 재 나뭇잎 압착기를 구할 수 있다), 마른 나뭇잎 모으기, 자녀가 포푸

리[향기를 즐기기 위해 각종 꽃과 향료를 섞은 작은 병]를 만드는 것을 도와 주라.

— 정원일 도와 주기.

— 꽃 사진, 분재, 그림책 보기.

— 날씨 특히 자연 현상 관찰하기(천둥치는 비바람, 우박).

— 동물 관찰하기. 자연 공원이나 농장에 자녀를 데리고 가라……

【비고】 자녀가 동물을 원한다면 전문 서적을 읽어 주라. 전문 서적에 대해 이야기해 주고, 그 중요성을 생각해 보라.

● 흐르는 시간

당신은 자녀가 다음과 같은 것들을 좋아한다는 걸 주목할 수 있었다.

— 자녀가 아주 어렸을 때, 아기였을 때의 사진 보기. 게다가 점점 더 부모들은 자녀에게만 속한 사진첩 안에 이 사진들을 모아 놓는데, 이 사진첩은 종종 자녀의 출생 때 마련한 것이다.

— 당신이 어렸을 때 당신 부모와 함께 찍은 사진 보기. 자녀가 당신이 입은 옷이나 주위 환경을 잘 살펴보도록 하라. 자녀에게 당신의 이야기를 해주라.

— 가족이 보관하고 있는 사진, 그림엽서 보기.

— 옛날 이야기 듣기. 자녀에게 다른 시대의 이야기를 해주라. 자녀가 당신이 살고 있는 지역에서 과거의 흔적을 살펴보도록 하라. 기념물이지만 증거인 로마식 다리, 견고한 성, 인형 박물관, 구형 자동

차 박물관, 선박 박물관, 그리고 도구, 의복, 전통 등을 찾아볼 수 있
는 생태·환경 박물관······.

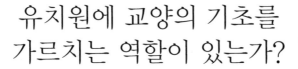

유치원에 교양의 기초를
가르치는 역할이 있는가?

———

```
┌─────────────┐
│    유  아     │
└─────────────┘

┌─────────────┐        ┌─────────────┐
│             │        │  노래 부르기와  │
│   동화 듣기    │        │   음악 감상    │
│             │        │             │
└─────────────┘        └─────────────┘

┌─────────────┐        ┌─────────────┐
│             │        │  소리와 음으로  │
│   동시 짓기    │        │   하는 놀이    │
│             │        │             │
└─────────────┘        └─────────────┘

┌─────────────┐        ┌─────────────┐
│             │        │             │
│  예술 작품 감상  │        │    춤추기     │
│             │        │             │
└─────────────┘        └─────────────┘

┌───────────────────┐
│  그림 그리기와 색칠하기  │
└───────────────────┘
```

유치원에서는 유아들이 감정을 표현하는 상황을 만들며, 그 상황에서 아이들은 느끼고 상상하고 각기 다른 형태의 예술을 발견한다.

그림 그리기와 색칠하기
그림-색칠하기 실습실

방문객이 유치원에 들렀을 때 간혹 유아들의 작품에 놀란다. 모든 반에 특별히 마련된 실습실에서 그림 그리기와 색칠하기 활동이 이루어진다.

● 어떤 재료를 사용하나?

이 실습실에는 모든 색깔의 크레용, 사인펜, 볼펜, 분필, 파스텔, 가는 붓과 굵은 붓, 롤러, 면봉, 솔, 온갖 종류의 종이가 있다.

● 실습실에서 무엇을 하나?

— 자유화 그리기. 영아는 말로 표현하지만, 그림으로도 표현한다. 영아에게는 먼저 종이 위에 선을 긋고 다음에 원하는 그림, 종종 눈사람·집·해 등을 그릴 수 있다는 사실이 매우 중요하다. 4-6세의 유아들은 넘치는 상상력을 보여 주어 작품은 매우 다양하고 독창적이며, 그리고 종종 덜 상투적인 듯하다.
— 유치원 신문, 그림책을 만들기 위한 삽화 그리기. 유아들은 각자 나이에 맞는 기술, 예를 들어 물감을 입으로 불어서 퍼지게 하기,

분사해서 색칠하기를 배운다.

우리는 이 실습실에서 예술 작품의 복사품을 볼 수 있는데, 이 복사품을 갖추어 놓은 것은 모델로서가 아니라 풍부한 환경을 제공하여 유아들이 기술적 계획 위에 연구하게 하는 상황을 만들어 내면서, 그들의 예술적 창조를 자극하기 위한 것이다. 우리는 또한 현대 예술가들이 많은 기술을 사용하였다는 것을 알 수 있다.

예술 작품 감상

실제로 그 시대의 예술 작품과 다양한 양식의 발견으로 인해 예술에 관심을 갖게 된다. 몇몇 유치원에서는 이러한 의미에서 노력하고 있다. 즉 미니 전시회를 위하여 한 장소(교실 벽, 복도 벽)를 마련한다. 또한 예술 작품을 복사하도록 권한다. 이렇게 "유치원에서는 유아들에게 아름다운 이미지를 제시하는데, 이 이미지는 유아들을 꿈꾸게 하고, 또 다른 이미지를 낳는다." 유아들은 자신들의 상상력, 감정과 감성적 표현을 불러일으키는 몇몇 작품들을 조금씩 제 것으로 만든다.

창작 회화 실습실에는 예술 작품의 복사품를 갖추어 놓는데, 이것은 모델로 쓰기 위해서가 아니라 풍부한 환경을 제공하여 유아들의 예술적 창조를 자극하기 위한 것이다.

탐구 생활 실습실에서는 유아들이 매일 예술 작품집의 한 페이지를 자세히 살펴볼 수 있다. 협조를 부탁받은 지역 박물관에는 기꺼이 유아들의 학습 활동을 유치하는데, 종종 책임자들은 회화 그리고 특히 조각 작품에 나타내는 영아들의 관심에 놀란다.

▌ 동화 듣기

유아들이 어떤 문화에 속해 있든지, 동화는 그 나라의 문명 · 풍속 · 의상을 반영한다. 동화는 우리 생활과 역사의 중요한 부분을 차지한다.

프랑스 동화에서 왕자들은 항상 매력적이고, 권력을 가진 왕들은 부자이며, 공주들은 아름답고 우아하고 선하며, 왕비들(종종 계모들)은 심술궂고 시기하고, 약자는 대부분 이긴다…….

동화에 담겨 있는 문화적 전통 이외에 동화가 인격 형성에도 필요하다는 것을 알 수 있다. 즉 동화 속에는 시간적인 거리에도 불구하고 형제의 질투, 버림받는 것에 대한 두려움 등 현실적인 상황들이 담겨 있다.

많은 전문가들은 동화에 의해 생길 수 있는 호전성 · 유죄성에서 벗어나기 위해 요정 이야기를 들려 줄 것을 권고한다. 모든 동화들은 같은 방식으로 구성된다:

— 보물이나 공주, 영광 및 권력을 구하는 등장인물이나 영웅.

— 이 등장인물이나 영웅에 맞서는 적: 늑대, 산, 용, 거친 바다.

— 이 등장인물이나 영웅을 돕는 친구들: 전설적인 동물, 요정, 마법사.

유아들은 이야기의 대강 줄거리를 조금씩 느끼고, 그것을 꾸며내고자 애쓴다. 유치원은 이 과정에서 유아들을 격려한다. 몇 해 전부터 로봇이며 우주비행사가 동화 속에 자리를 잡았다.

읽어 주기, 아니면 이야기해 주기?

유아들은 이야기 듣는 것을 좋아한다. 우리가 보았듯이 그림책을 읽는 것이 매우 중요하지만, 유아에게는 구연되는 이야기를 듣는다는 것은 비교될 수 없는 즐거움을 주고 가끔 강렬한 감동을 준다. 그리고 이때 성인 자신은 의외의 놀라운 힘을 느낄 수 있는데, 예를 들어 억양이며 몸짓과 손짓에 의한 표현 덕택에 유아는 웃고, 울고, 겁낼 수 있다. 구연되는 동화는 상상력을 발전시키고, 아주 어린 유아들조차도 문학과 친밀하게 해준다.

아주 오래전부터…… 구연되던 몇몇 동화들이 있다:
— 《빨간 모자》와 같은 전통적인 동화.
— 민속 동화, 동화와 신화.
— 마르셀 에메의 《나뭇가지에 앉은 고양이》나 폴 엘뤼아르의 《그랭 델》과 같은 현대의 동화.
— 안데르센의 동화와 같은 외국 동화.
— 키플링의 《정글북》과 같은 동물 이야기.
— 몇 개의 삽화로 구성된 동화: 《여우 이야기》.
— 《신데렐라》 《엄지공주》와 같은 요정 이야기.
— 《빨간색 암탉》과 《룰르 갈레트》와 같이 일종의 유치원의 문화 유산이 된 그림책에서 따온 고전적 이야기.
《동화 1천 년, 1년 365일을 위한 이야기》와 같이 동화들을 모아 놓은 책들이 많이 있다.

동시 짓기

"시는 전형적인 언어 예술이다." ……몇몇 단어들은 감정을 낳을 수 있고, 사물의 특별한 환상을 줄 수 있다.

당신의 자녀는 다음과 같이 하도록 이끌어진다:
— 동시를 듣는다.
(성인은 이 시들을 읽어 주면서, 유아로 하여금 상상하게 하고 듣는 데 익숙하지 않은 문학적 언어에 동화되도록 한다.)
— 동시를 배운다.
(시를 외우고 감성을 풍부하게 하는 활동을 한다. 교사는 설명하려고 애쓰지 않고, 여전히 유아들이 상상하도록 한다.)
— 동시를 지어 본다.

유아들은 운놀이, 운율놀이, 비교놀이를 하도록 이끌어진다: '내가 ~라면,' 이미지놀이 '~와 같이 파란,' 단어놀이, 셈노래, 로베르 데스노스 식의 동시.

소리와 음으로 하는 놀이

유치원에서는 다음과 같은 것 들을 수집하고 제시한다:

— 자동 주악기.

— 소리를 내는 물건.

— 나무로 만든 물건, 금속으 로 만든 물건, 플라스틱 소재로 만든 물건, 유리로 만든 물건.

— 씨앗이 담겨 있는 상자, 자갈이 담겨 있는 상자, 구슬이 담겨 있 는 상자, 모래가 담겨 있는 상자.

— 물이 넉넉히 담긴 병.

— 딱따기, 호루라기, 작은 종.

— 시계의 벨.

— 방울, 탬버린, 캐스터네츠, 실로폰, 자명종.

— 공명기.

당신의 자녀는 다음과 같은 것을 배운다:

— 듣기.

— 목소리 알아듣기.

— 친숙한 소리 알아듣기: 발자국 소리, 책장을 넘기는 소리, 비스 킷을 씹는 소리, 자명종 소리, 경보기 소리.

자녀의 청각을 예민하고도 보다 선별적이게 하고, 청각적 기억력을 훈련한다.

자녀에게 소리가 어디서 들리는지 찾도록 하고, 소리들을 분류하게 하고, 단순한 악기들을 만들게 한다.

노래 부르기

자녀들은 목소리를 이용하여 놀이를 하고, 속삭이고, 중얼거리는 것을 배우며, 목소리의 능력을 인식하게 된다.

아이는 간단한 짧은 노래, 운율 있는 셈노래를 반복해서 부른다.

다음과 같은 노래들을 배운다:

— 자장가: 《잘 자라 꼬마 피에로》《잘 자라 내 동생 콜라》.

— 민요: 《꼬마 곱사등이》《아버지 정원에서》《마리안은 방앗간에 간다》《귀여운 로셸》.

— 축가.

— 현대 노래.

음악 감상

유아들은 아주 다양한 음악을 감상한다:

— 《황금 막사를 위한 음악》.

— 하이든의 《장난감 교향곡》.

— 모차르트의 《마술피리》.

— 드뷔시의 《바다》.

— 차이코프스키의 《호두까기 인형》.

— 카를 오르프의 《카르미나 부라나》.

— 생상의 《사육제》.

— 바르톡의 《현악기, 타악기를 위한
협주곡》.

— 아프리카 타악기들.

— 발리 음악.

— 암스트롱 헌정곡.

— 카브락의 《엥방시용》 등등.

유아는 몇 개의 악기를 구별하기 시작
한다: 피아노, 북, 플루트⋯⋯

춤추기

자녀들은 교사의 목소리, 다양한
음악 소리에 따라 프랑스 민속춤과
외국 춤, 발리 음악을 변화시킨다.

자녀들은 《아비뇽 다리에서》《배
추를 심을 줄 아나요?》의 노래에 맞
추어 원무에 참가하고, 《줄을 잡고》
《사마리텐》같은 춤놀이에 참가한다.

유치원은 전통을 유지하는 역할을
한다.

의문 사항들

● 이 분야에서 내 아이를 어떻게 도울 것인가?

유아는 다음과 같은 것을 좋아한다:

— 자장가나 간단한 노래를 불러 주는 것을 좋아한다.

— 부모와 함께 손가락놀이·유모놀이를 하고, 유치원에서 배운
셈노래 부르기를 좋아한다.

— 당신의 노래를 듣는 것과, 당신이 인근 지역의 전설을 이야기해주는 것을 좋아한다.

— 음악 감상을 좋아한다.

— 그림을 그리고, 색칠하는 것을 좋아한다(어떤 유아들은 달리 표현하는 것을 선호한다). 아이에게 사인펜을 권하라. 그리고 만약 아이가 받침대를 원한다면, 이 작업대가 아이에게 강도 높은 활동의 순간을 준다는 것을 알아라.(아이에게 맞는 미술관, 잘 가꾼 꽃 전시회를 여는 공원에 아이를 데리고 가라.)

● 내 아이는 악기 연주를 시작할 수 있는가?

우리는 거의 모든 도시에서 음악학원이나 음악학교를 찾아볼 수 있다.

문의하라. 4세에는 단순한 몇몇 악기를, 7세에는 여러 종류의 악기 훈련을 시작할 수 있다.

유아는 철자와 음표 읽는 것을 동시에 배울 수 있다. 어떤 교사들은 놀이나 연습을 통해서 계명으로 노래하는 것에 관심을 갖게 한다.

● …그리고 외국어는?

우리 모두는 유럽에 대해서 생각하고 있다. 조기 교육의 중요성이 강조되어 왔다. 그래서 많은 초등학교 마지막 학년인 5학년에서 현재 2개의 외국어에 친숙해지도록 시도하고 있고, 더 큰 규모의 계획이 현재 시행되고 있다.

오래전부터 파리 · 보르도 · 스트라스부르에 있는 유치원에서 어떤 시도들이 성공적으로 주도되었다. 셈노래, 짧은 노래, 외국어 방송 듣기가 몇몇 교사들에 의해 제안되었고, 사립 미니 학원에서는 아주 어린 유아들이 영어에 친숙해지도록 시도하고 있다.

● …그리고 외국 태생의 유아들은?

유치원에서 유아들은 일반적으로 각기 다른 태생 · 습관 · 문화를 서로 인정한다.

우리는 모든 태생의 유아들을 받아들이는 유치원들이 풍성한 발견을 위해 이러한 다양성, 그리고 어려움 그 자체에도 기댄다는 사실과, 많은 경우 교사들은 모든 유아들이 가능한 한 최상의 결과를 얻도록 하는 데 집착한다는 사실에 의해 모범이 되고 있다는 것을 강조해야 한다.

유치원에 기술적인 요소가 있는가?
정보처리: 이미, 이따금!
텔레비전: 여전히! 왜!

이 문제를 일반화하는 것은 불가능하다……. 초등학교에 예정된

● 관련 정보

몇몇 박물관들		
빌레트 과학 단지	Parc de La Villette 75019 Paris	특히 3세에서 6세의 유아들을 대상으로 하는 엥방토리움
유아 박물관	Halle Saint-Pierre 1, rue Ronsard 75018 Paris	유아들을 위한 '작업실'
해양 박물관	Palais de Chaillot Place du Trocadéro 75016 Paris	— 선박 — 꿈꾸고 상상하기 위한 배 모형
국립 자연사 박물관	Jardin des Plantes 57, rue Cuvier 75005 Paris	탐구하기 위한 곳: 진화실
오르세 미술관	1, rue de Bellechasse 75007 Paris	영아들은 거대한 조각상에 매혹된다.
우편 박물관	34, boulevard de Vaugirard 75015 Paris	역사 박물관 많은 모형이 있다.
어린이 박물관	14, avenue de New York 75016 Paris	이 박물관은 우선적으로 어린이를 대상으로 한다
선박 박물관	Château du Prieuré 78700 Conflans-Sainte-Honorine	선박의 제조에 대한 어린이들의 이해를 돕기 위해서 약간의 인물상을 등장시킴.
전원주택	9, quai du 4-septembre 92100, Boulogne-Billancourt	임시 전시회
종마 박물관	Chantilly	
항공과 우주 박물관	Aéroport du Bourget 93350 Le Bourget	세계에서 가장 큰 항공 박물관들 가운데 하나
도시 교통 박물관	60, avenue Sainte-Marie 94160 St-Mandé	전철 순회

참고 문헌: 《반바지를 입은 박물관》, 브리지트 방트리옹과 안 칼리, Éd. Hermé.

'모든 이에 대한 정보처리' 계획이 **실행된** 유치원은 매우 드물다.

개인적인 시도와 한곳에 집중된 실험에 의해 컴퓨터나 로봇 또는 동체를 대신하는 엔진이 만들어졌다. 유아는 컴퓨터 자판을 이용해 글을 쓸 수 있을 것이다.

프로그래밍을 준비하는 놀이들은 **전진하다, 후퇴하다, 오른쪽으로 돌다, 왼쪽으로 돌다**와 같은 용어들에 접근하고, 이해하고, 사용하게 한다.

마찬가지로 소프트웨어부터 놀이가 제안될 수 있다. 이따금 개방된 작업실은 소규모 집단이 컴퓨터에 쉽게 다가갈 수 있게 한다.

따라서 이 시대는 아주 어린 나이에서부터 아주 많은 영상들, 즉 고정된 영상과 움직이는 영상들(슬라이드, 비디오, 텔레비전, 영화)과 마주하고 있다. 유아가 이러한 넘쳐나는 영상들을 올바르게 받아들이도록 도와 주는 것이 중요하다. 그래서 유치원에서는 자료들을 보면서 아이의 지적 능력에 따라 이러한 모든 영상들을 식별하도록 이끌어질 뿐만 아니라, 자신이 선택하고 선택을 조금씩 정당화하도록 이끌어진다. 그리고 가정에서뿐만 아니라 유치원에서 유아가 이러한 일련의 영상들을 조직하고 구조화하도록 돕는 것이 필요하다.

유치원의 주방 공간: 언제? 왜?

주방 공간은 유치원에서 가장 빈번히 계획되는 놀이 공간 가운데 하나이다. 이 작업실에서 **모방놀이**와 유아가 친숙한 세계에 속한 자연스런 활동들을 할 수 있다:

— 기구 정리하기.

— 식사 준비 흉내내기.

— 식탁 차리기.

— 휘젓기, 따르기, 병마개 닫기, 뚜껑을 돌려서 꼭 닫고 열기, 흔들기.

2-5세의 유아들에게 진짜 주방 기구들이 주어지고, 5-6세의 유아들에게는 가벼운 저녁 식사가 주어진다. 이때 친숙한 물건이나 야릇한 물건들(반숙 계란을 담는 그릇, 야채믹서, 강판)을 보는 것은 놀람의 감정을 발생시키는 기억을 불러일으키게 할 수 있지만, 모방놀이 외에는 없다. 예를 들면 자녀가 당신에게 "초콜릿 케이크, 과일 샐러드를 준비했어요"라고 말하면서 다가온다. 자녀가 당신에게 강판에 간 홍당무와 무를 곁들인 크림 치즈 카나페, 그리고 햄을 넣은 크레이프 빵 또는 수프에 대해 말하더라도 놀라지 마라! 자녀는 버터 바른 빵을 만들면서 어떻게 간식을 준비했는지 당신에게 반복해서 말하는 것 또한 좋아한다.

과수원에서 사과를 모으거나 버찌를 딴 후에 유아들은 과일잼이나 파이를 만든다.

숲을 산책한 후, 밤을 구워서 맛본다.

유치원의 채소밭에서 몇 개의 무를 찾아낸 유아들은 같이 무를 맛보고 싶어한다……. 시장에서 산 한 다발의 무는 다양한 활동의 소재가 될 것이다. 먼저 무를 언제 먹는지를 알아봐야 하는데, 유아들은 그것이 전식이고, 따라서 식사를 시작할 때 먹는다는 것을 알고, 전식에 먹는 순무·토마토·당근 같은 다른 야채들의 이름을 댄다.

다음과 같이 집단이 조직된다:

— 네 명 또는 다섯 명의 유아들이 꼭지를 떼어내고, 씻고, 껍질을

벗기고, 무의 물기를 닦아내고, 그리고 나서 무를 접시에 담는다.

— 네 명 또는 다섯 명의 유아들이 버터 바른 빵을 준비한다.

— 다른 유아들은 당근을 강판에 가는데, 이것은 세심하고 시간이 걸리는…… 그리고 교육적인 작업이다.

시식을 하는 동안 유아들은 맛을 비교한다: 무는 매울 수 있고, 당근이 더 달 수 있다.

다른 반에서 공연이 있을 때, 캐러멜을 만든다.

축제에는 늘 차리는 음식이 있다. 예를 들어 그리스도의 공현절 과자, 사육제 크레이프 빵이나 튀김, 성탄 과자, 만우절의 물고기.

가끔 점심을 마련한다. 유아들은 장을 보러 시장에 가는데, 한 그룹은 앙트레를 책임지고, 다른 그룹은 주요리를 맡고, 세번째 그룹은 후식을 맡는다. 학부모들은 이 잔치에 초대받을 수 있다. 마찬가지로 피크닉을 가기 위해 유아들은 찬음식을 선택할 것이고, 필요한 도구들을 준비할 것이다.

주방 공간에서는 그곳에서 맛볼 수 있는 확실한 즐거움을 넘어서, 다음과 같은 실습을 위한 완벽한 상황을 만들 수 있다:

— 맛에 대한 실습: 짠맛, 단맛, 쓴맛, 신맛.

— 그림이나 삽화의 도움으로 요리법 읽기.

— 수의 개념.

— 음식 섭생에 접근하기.

만약 자녀가 요리법을 가져오거든 그 앞에서 주의 깊게 읽어 주고, 당신이 전달받은 것을 잘 이해했음을 보여 주고, 가능한 때에 자녀와 함께 음식을 만들어 보라.

● 그리고 당신의 주방에서는?

유치원에서 자녀들에게 보이는 신뢰와 권하는 활동들에 대해 당신
은 아마도 놀랄 것이다. 예를 들어 당신의 자녀는 사과를 자르고, 빵
에 버터를 바르고, 자두를 짠다…….

많은 경우 부모들은 주방에 들어오는 것을 금하지만…… 가능한
모든 주의를 기울이면서 간단한 요리를 만드는 데 자녀를 전적으로
참가하게 할 수 있고, 자녀는 당신을 돕는 것을 기뻐할 것이며, 그리
고 이렇게 자녀는 모든 사정을 잘 아는 입장에서 위험도 배울 것이다.

유치원의 축제는 무엇에 도움이 되나?

축제는 도움이 된다! 유치원에서는 축제를 즐긴다! 물론 즐거움을
위해서이다! 그렇지만 이 축제들이 본래 계획의 시작점이기 때문이
기도 하다.

5세의 유아들은 흐르는 시간과 계절에 대해 잘 인식하지 못하지만,
유아들에게는 기준이 되는 점들이 있다. 즉 겨울은 성탄의 계절이고,
봄은 사육제를 지내는 동안이나 그후이다. 마찬가지로 우리 성인들
에게 있어서도 삶을 따라 계속해서 축제가 있다.

유치원에서는 유아들을 아주 초반부터 축제 준비에 참가시켜야 한
다는 필요성에 항상 관심을 보여 왔다. 실제로 몇 년 전부터 축제, 집
단적인 표현, 잔치 분위기를 만드는 데 있어서 새로운 발전이 있었다

고 생각된다.

학교에서는 축제를 위해 유아들이 나 학교뿐만 아니라 학부모들과 지역 주민들까지 참가시키려고 노력하는 것 같다.

먼저 즉흥적인 축제!

이러한 축제의 출발점은 다양하다. 유아의 생각, "자, 우리 춤추면 어떨까?"라는 성인의 권유, 뜻밖의 사건은 축제를 열기에 좋은 이유 일 수 있다……. 의자를 치우고, 식탁을 밀어 놓고, 모두 노래하고, 춤추고, 먹을 것을 준비한다. 당신이 축제에 참석하지 못하기도 하겠 지만, 자녀가 축제에 대해 이야기해 줄 것이다.

그리고 준비된 축제?

모든 종류의 축제가 있다. 즉 모두 함께 식사하는 축제, 무엇인가 가져가는 축제, 다른 사람들을 위해 선물을 마련하는 축제가 있다.

● 함께 식사하는 축제

준비가 중요하고, 그리고 물론 함께 맛보고 식사한다. 이러한 모든 활동들은 실습 활동의 자리를 마련해 준다. 그리고 당신이 초대받을 수 있는 축제들이 있는데, 예를 들어 그리스도의 공현절 축제, 성촉 절 축제, 재의 수요일 축제, 성탄, 학부모 접견일 등이다.

● 많은 축제들 가운데 한 축제

공현절 축제에는 성인의 도움을 받아 유아들이 공동 작업을 하게
한다:

— 가장 적합한 계획 연구.

— 공현절 축제용 파이 만드는 법, 도구나 재료와 같은 필요한 것
에 대한 연구.

— 공현절 축제용 파이를 먹기 위해 필요한 것에 대한 연구: 식탁
보, 냅킨, 준비된 요리, 장식된 요리.

— 교실 장식하기.

— 꼭 필요한 왕관 만들기!

● 성대한 축제: 사육제

당신은 아마도 재료(천, 양모)를 가지고 오거나, 크레이프를 튀기고
의상을 만드는 것을 돕거나, 카니발의 행렬을 동반하는 일들로 사육
제에 참여하도록 요청되어질 것이다.

● …생일 축하는?

유치원의 학급수에 따라서, 그리고 반의 나이 편성에 따라서 생일
날이나 또는 월말에 단체로 생일 잔치가 열릴 것이다.

생일 잔치에는 유아들이 간식을 만들고, 선물을 준비하게 될 것이

다. 유아들은 자신들의 과거, 생활, 그리고 성장, 처음에 이루어지는 가족적인 그리고 사회적인 관계에 대해 자각하게 될 것이다.

유아들은 각자 아기였을 때, 걷기 시작할 때, 유치원에 입학할 때 찍은 사진들과 근래에 찍은 사진들을 관찰하면서 그들 자신들에 대해 깨닫게 될 것이다.

유아들은 자신들이 컸고, 걷고 말하는 법을 배웠다는 것을 깨닫는다. 유아들은 단지 자신들의 생일에만 자란다고 생각하거나, 또는 성인들은 결코 아기였던 적이 없다고 생각한다!

그러면 당신 집에서는? 생일은 중요한 시기이다

자녀는 아마도 당신한테 자신의 생일 잔치에 친구들을 초대할 것을 부탁하리라.

초대장을 보내라. 자녀가 당신에게 말해 주는 것을 받아 적어라. 아이에게 작은 카드에 삽화를 그려넣게 하라.

자녀와 함께 생일 잔치를 준비하라. 빵을 반죽하고, 집 안을 장식하고, 음식 차리기를 돕는 것을 좋아할 터이다.

간단한 놀이를 권하고, 동화를 읽어 주어라.

자녀가 자신의 생일 잔치를 오랫동안 기억하리라 확신해도 좋다.

이런 기회에 유아들은 무엇을 하나?

주방 공간에서 유아들은 각기 다른 요리 방법을 연구한다. 생반죽 공현절 파이, 사블레 공현절 파이를 만든다. 빵을 만든다.

상점 공간에서, 제과점, 빵집놀이를 한다.

도서관 공간에서 자료(왕, 왕비, 성)를 찾고, 카드놀이를 알아낸다. 유아들은 요리법 및 만화를 읽고, 간판들을 발견한다.

유아들은 분류하고 정리한다. 놀이할 카드의 수를 발견한다.

왕, 왕비, 성을 그린다.
초대장을 쓴다.
냅킨, 왕관의 장식을 만든다.

조직과 유치원 생활

교육성

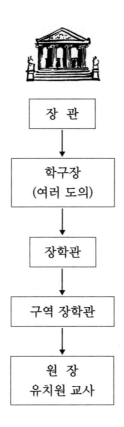

장 관

↓

학구장
(여러 도의)

↓

장학관

↓

구역 장학관

↓

원 장
유치원 교사

개혁, 과정에 대한 이야기를 들어 본 적이 있는가. 무엇에 대해서인가?

1990년부터 대중 매체는 학교의 새로운 정책에 대해 많은 정보를 제공했다. 그런데 장관들은 **운영법**을 옹호했다.

● 운영법의 원칙은 무엇인가?

운영법의 원칙은 "유아들의 학습과 교사들의 일을 구성하는 데 보다 더 유연성을 도입해서, 학생들의 실질적인 습득을 고려하면서 이러한 학습을 확실하게 가장 잘 지속시키는 것과, 공공 서비스의 유지와 질에 대한 욕구를 보장하는 일관성 있는 방식을 제안하는 것"에 관계된다.

● 현실적인 결과

유명한 스물일곱번째 시간: 교사들이 교육 연수(12시간), 과정 교사회(15시간), 학교 계획(6시간), 학교위원회(6시간)을 위해 모일 때 유아들은 유치원에 가지 않는다.

과정. 한 과정의 기간은 3년이지만, 일단 학교 과정에 들어가면 유아는 한 과정의 기간을 단축(2년)하거나 연장(4년)하기 위해 조커를 사용할 수 있다. 기간 연장의 경우 유아가 출발선으로 다시 되돌아오는 것이 아니라, 유아가 알고 있는 데서 출발하는 것이므로 유급이란 말을 더 이상 쓰지 않는다.

● 과정 안에서 5-6세반의 위치는?

5-6세반은 다리를 놓아 주는 반이고, 옮아가고 연결되는 중요한 시기이다. 이 반에서는 당연히 첫번째 과정의 목표에 이르겠지만, 두번째 과정의 사고법에도 들어가야 한다. 말하자면 읽기, 쓰기, 셈하기를 배우기 위한 기본과 도구를 사용하는 훈련에 들어가야 한다. 이러한 훈련이 가능한 유아들은 유치원에서, 구체적인 방식으로, 구조화된 훈련을 시작한다.

5-6세반의 교사는 현실적인 제약을 표시해야 하지만, 5세가 된 유아들은 공간적 욕구, 움직이고 싶은 욕구, 놀이에 대한 욕구가 만족되어야만 실제의 제약을 받아들인다. 유아들은 이렇게 첫번째 과정을 지날 수 있을 것이고, 유치원과 초등학교, 두 학교에서의 두번째 과정은 개인의 발전을 존중해서 유아의 속도에 맞춰 진행된다.

● 초기 학습의 과정은 무엇인가?

몇몇 텔레비전 방송에서 아기는 태어나면서부터, 그리고 아마도 태어나기 전부터 **배운다**는 것을 보여 주었다. 따라서 이 기간은 학습 이전의 기간이 아니라 초기 학습 기간이라 부르는 것이 당연하다. 어째서 "6세 이전에 모든 것이 결정되었다"고 말할 수 있었는가? 왜냐하면 유아에게 있어서 2-6세 사이의 기간은 특별하며, 모든 분야에서 놀랄 만큼 발전한다고 알려져 있기 때문이다. 이 과정의 특징은 많이 발견하고 경험하는 것이다.

다음 도표를 관찰해 보면 다음과 같은 것을 알 수 있다:
— 유치원은 제1과정을 책임진다.
— 5-6세반은 동시에 제1과정과 제2과정에 속한다.

● 유치원의 특성은 무엇인가?

유치원의 중요한 목표는 다음과 같다:
— 취학.
— 사회화.

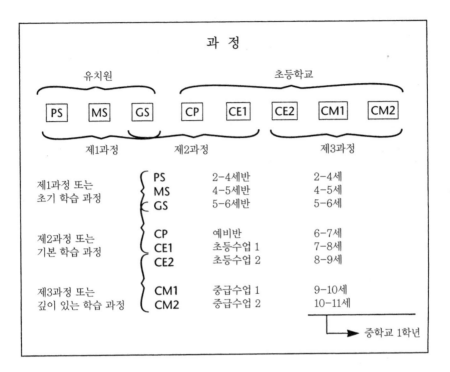

과　정

유치원　　　　　　　　　초등학교

| PS | MS | GS | CP | CE1 | CE2 | CM1 | CM2 |

제1과정　　　제2과정　　　　　제3과정

제1과정 또는 초기 학습 과정	PS MS GS	2-4세반 4-5세반 5-6세반	2-4세 4-5세 5-6세
제2과정 또는 기본 학습 과정	CP CE1 CE2	예비반 초등수업 1 초등수업 2	6-7세 7-8세 8-9세
제3과정 또는 깊이 있는 학습 과정	CM1 CM2	중급수업 1 중급수업 2	9-10세 10-11세

중학교 1학년

— 배우고 실습하기.

유치원은 열린 환경이다. 이는 가정 그리고 유아들을 맡고 있는 여가활용센터와 같은 다른 기관들과 신뢰 관계를 항상 유지해 왔다.

유치원은 보호받는 환경이다. 따라서 다른 유아들과의 관계, 그리고 성인들과의 관계를 형성해 준다.

유아들은 항상 인격체로 알려져 왔고, 그들은 아주 어릴 때부터 자신들이 자라고 배운다는 것을 안다. 나의 경험으로 볼 때, 유치원을 통해 혼란에 빠진 유아들보다는 수업에 오는 것을 매우 즐거워하는 유아들과 점차적으로 자신감을 얻는 유아들을 더 많이 보았다.

보다 체계적인 초등학교 학습을 준비하기 위해, 유아가 자신의 지식을 형성하는 특별한 혜택이 주어진 장소이다. 유아는 타인과의 교제와 사회성을 배우고, 말하기와 쓰기의 세계에 입문하며, 행동하고, 세상을 발견하고, 상상하고, 만들어 낸다.

● 관련 정보

> 제2과정(GS, CP, CE1)에는 중요한 기능이 있다. 즉 읽기, 셈하기 학습의 조직화를 보장하고, 개념 구성의 단계를 관리하는 데 있어서 어느 정도의 유연성과 함께 기본 규칙성의 정착을 보장해야 한다.
>
> 제3과정(CE2, CM1, CM2)은 두 가지 면, 즉 제2과정 학습의 강화와 보강, 그리고 방법과 연구 분야에서의 정확성을 염두에 두면서 접근해 가는 개념의 확장으로 특징 지어진다.

● 과정교사회의 역할은 무엇인가?

교사회가 항상 있지는 않았고, 운영법의 새로운 조항에 의해 생겨났다. 교사회와 과정교사회를 구별해야 하는데, 유치원의 경우 제1과정이 유치원 구조와 혼동되기 때문에 특히 그 구별이 어렵다. 그리고 5-6세반 교사들은 제1과정 교사회와 제2과정 교사회에 동시에 참가한다. 교사회는 과정 안에 있는 학생들을 계속 지켜보는 도구뿐만 아니라 같은 과정 안에 있는 학생들의 진전을 규정한다.

한 과정의 기간(2년 또는 4년)에 대해 가능성이 있는 변경을 제안하는 것이 바로 교사회이다. 교사회는 시행중인 모든 정책을 긴밀히 결합되게 하는 데 있어서 중요한 역할이 있다.

● 학교위원회와 조화를 이루는 것이 어떻게 중요한가?

학교위원회가 항상 존재하지는 않았지만, 학교위원회는 학부모들이 정보를 보다 잘 제공받고 발언할 수 있도록 하기 위해 구성되었다. 그러므로 신학기의 회람장에 주의를 기울여라. 당신은 거기에서 선거에 필요한 모든 정보를 얻을 것이다.

학교위원회는 어떻게 구성되는가?

학교위원회는 다음과 같이 구성된다:
— 학교 교장, 회장.
— 교사들.
— 구청장이나 대표자, 시위원회에서 지명된 시의원.

— 전문 보조교사 조직의 교사들 중 교사회에서 선발된 교사 한 명.
— 학교의 학급수와 같은 인원의 학부형 대표들, 교육을 담당하는 부의 법령에 의해 정해진 방법에 따라 선출됨.
— 학교를 방문하는 임무를 맡고 있는 국민교육 도대표.
관구의 교육성 장학관은 이론상으로 회합에 입회한다.

언 제?

선거 일정표는 학년초에 정해지고, 중요한 진행 방향은 다음과 같다:
— 선거 준비를 담당하는 위원회 소집.

— 선거인 명부는 열람될 수 있다.

— 선거인 명부에 대한 정정 또는 등록 요청이 이루어질 수 있다.

입후보 명부는 제출된다. 후보자 각자가 서명한 입후보 선언은 선거 전 늦어도 10일 전에 제출되어야 한다.

가정에 배달되는 봉투는 유아들에게 건네진다. 선거는 최소한 네 시간 동안 진행되고, 결과는 게시된다. 보고서는 학교 장학관에게 보내진다(선거에 따라 가능한 첫째 날). 결과에 대해 의의를 제기할 수 있고, 추첨이 이루어질 수 있다.

회합 일정표는 다음과 같이 짜여진다: 적어도 3개월 학기마다 한 번씩, 그리고 선거 결과 발표에 따라 15일 안에 의무적으로, 적어도 회합일 8일 전에 위원회 회원들에게 보내지는 의사 일정에 따라.

마찬가지로 학교장이나 구청장 또는 위원회의 과반수 회원의 요청에 따라 회합이 열릴 수 있다.

학교위원회는 1년 동안 구성되며, 회원 갱신이 있을 때까지 유효하다.

위원회는 무엇을 하나?

위원회는 학교의 내부 규칙을 검토하고 표결하는데, 이 내부 규칙은 교사회와 교장에 의해 구상되고, 유아들의 이익에 근거를 두는 학교법을 책임지는 감독관이 검토한다.

수업을 시작하고 끝내는 시간을 정하는 것을 포함한 학교의 주간 구성의 계획을 세운다. 계획은 각 도 장학관의 의견을 들은 후에 학교 장학관, 각 도의 국민교육서비스 책임자에게 보내진다. (일반적으로 대도시에서는 모든 학교의 시간표가 똑같다.)

위원회는 학교 계획을 세우는 데 가담한다(탁아소, 간식의 조직).

학교의 기능 및 학교 생활과 관계된 의문 사항들에 대한 모든 의견을 내고 모든 제안을 한다.

【비고】

• 공무로 학교위원회 회의에 발언권을 가지고 입회하는 관계자들:

— 전문 보조교사 조직의 대표자 외 직원들.

— 학교 의료 감사를 담당하는 의사들.

— 학교 간호사들.

— 사회사업 방문위원들.

— 유치원의 일반 공무원들.

— 위원회 업무에 참가할 수 있는 모든 사람(장애 유아의 통합 교육을 실행할 때에 진료나 진료 보조 부분을 담당하는 사람).

• 위원회장은 위원회의 의견을 들은 후, 의사 일정에 따라 의견을 들어 볼 필요가 있다고 결정된 사람 또는 사람들을 초청할 수 있다.

• 국민교육의 도대표는 학교 방문의 연간보고서를 작성하고, 지방 행정당국 다음으로 개입한다(예를 들어 학교 식당의 새로운 구성, 비위생적인 시설의 수리 등에 관하여). 활동중인 교사나 학부형이 아닌, 좋은 의도를 지닌 모든 사람들은 25세 이하인 경우 국민교육의 도대표가 될 것을 요청할 수 있다.

가장 많은 수의 학부형이 선거에 참가하는 것이 중요하다.

학교 계획이란 무엇인가?

　학교는 새로운 정책을 실행할 때, 교육 공동체의 전체 일원들이 이 정책의 목표에 참가하도록 작업 도구를 구성한다. 다시 말해 바로 이 때 부모들은 정보를 제공받을 수 있으며, 학교는 평등한 권리를 가진 파트너가 되는 상황을 그들의 역할을 의식한 부모들과 함께 만들 수 있는 기회를 갖게 된다.

● 학교 계획을 수립하는 여러 단계들

　• 교사회는 학교의 특수성과 주위 환경을 고려해 실재하는 것들을 **분석한다**: 장소, 사람, 제도, 학교 상황, 재정, **유아들의 욕구.**
　• 교육 목표의 정의.
　• 파트너, 재정 수단, 교사의 특별한 능력, 경우에 따라 일어날 수 있는 일의 선택.

계획의 예

　• 표현과 대화를 발전시키기 위한 학교 신문 만들기: 읽기-쓰기.
　• 어려움을 겪고 있는 유아들을 위한 지원실습실의 운영.
　• 오락실의 정리.

　• 음악실 또는 조형예술반 운영.
　• **정오 시간** 잘 이용하기.
　• 활동 실행: **학교, 문화적 환경.**
　• 창작, 그리고 학교 도서관의 충실화.

• 기능 수단의 선택. 실행할 활동.

유치원에서 하는 평가란 무엇인가?

주의 깊게 지켜보는 것이라고 부르는 것이 더 옳을 것이다. 유치원의 아이들은 아직 어리기 때문에 교사들은 항상 주의하여 관찰하고, 유아들의 욕구에 부응하며 능력에 맞추지 않을 수 없다.

간단한 두 가지 예:

• 놀이방에서 유아가 평균대 위에 올라가려 하지 않을 때, 도움을 받고 안심이 된 유아는 웃으면서 큰 벤치를 뛰어넘고, 몇 달 후 유아는 더 이상 평균대를 겁내지 않는다.

• 유아가 자기 이름 쓰는 것을 힘들어할 경우, 교사는 유아가 그린 그림에 스티커를 붙일 수 있게 하고, 그 다음 손놀림을 가장 잘 익숙해지게 하는 선긋기 활동을 권한다. 그리고 몇 달 후, 유아는 혼자서 즐거이 쓴 자신의 이름을 자랑스럽게 보일 것이다.

평가하는 것은 정보를 수집하고, 적절한 답을 위해 정보를 다루는 것이다.

평가한다는 것은:

— 유아들이 알고 또 모르는 모든 것들의 목록을 만드는 것이다.

— 표준에 비해서 위치를 잡는다.

— 교육이 효율적이었는지 확인한다.

● 평가는 어디서, 그리고 언제 하나?

• **오락 시간과 자유놀이 시간 동안**: 이 시간들이 유아들의 사회적 행동과 표현 수단에 대한 귀중한 정보를 가져다 줄 수 있다.

• **단체 활동을 하는 동안** 성인은 유아의 행동에 주목할 것이다: 지도자의 자세, 겸손, 계속해서 말을 함, 다른 사람의 말을 들음 등등. 놀이를 할 때, 성인은 아이가 어느 정도 기억하고 주의를 기울이는지를 평가할 것이다.

• **실습실에 있는 동안** 성인은 반응, 지시에 대한 대답, 자르기나 붙이기와 같은 기술을 필요로 하는 작업의 실행에 대해 평가할지를 결정할 것이다.

• **연습하는 동안** 상세한 평가를 하게 된다. 공책이나 서류에 하는 연습, 즉 글쓴 흔적을 보는 것이다.

▌ 유치원의 생활기록부는 초등학교 생활기록부와 같은 것인가?

1990년부터 많은 유치원에서 생활기록부의 겉모양을 자주 바꾸지만 유치원의 생활기록부는 가장 놀랄 만하게 전과 달라졌다.

유치원 생활기록부가 생기면서 의견이 분분해졌다. 교사와 부모들은 유아들이 평가를 받기에는 너무 어리다고 생각한다. 나는 유치원 생활기록부는 평가하는 것에 관한 문제가 아니라, 오히려 한 과정의 실행에 완전하게 통합되는 유아들의 관심에 대한 조사라고 생각한다.

유치원 교사들은 이미 지적했듯이 항상 주의 깊게 유아들을 지켜본다. 부모들은 자유화나 체계적인 작업에서 자녀들의 발전을 볼 수 있었다. 부모들은 학년말에 개인 기록을 볼 수 있다.

현재 부모에게 있어서 생활기록부는 정기적으로 정보를 주는 도구이다. 생활기록부는 1년에 반에 따라서, 한두 번이나 세 번 보내진다. 당신은 생활기록부에서 한 기간에 실행된 학습들을 알 수 있을 것이다. 예를 들어서 유아가 다음과 같은 것을 할 수 있다는 것이 생활기록부에 명시된다:
— 모양을 가리키고 부른다(동그라미, 정사각형, 세모, 직사각형).
— 지시를 이해한다.
— 자신의 이름을 알아본다.
— 이야기를 찾아본다.
— 셈노래를 암송한다.
— 자신의 이름을 쓴다.
— ~까지 센다.
— 그림으로 표시된 길을 찾아간다.

생활기록부는 또한 유치원에서 익힌 지식에 대해 초등학교 1학년 교사에게 정보를 주는 역할을 한다.

학부형회가 열릴 때, 학교의 특별한
생활기록부에 대하여 알려 줄 것이다.
실제로 교사는 발행된 생활기록부를
선택하거나 직접 만들 수 있다는 것을
알아야 한다.

자녀가 1년 앞서
초등학교에 들어갈 수 있는가?

당신의 자녀는 5세로서 4-5세반을 마쳤고, 가끔 큰아이들과 함께
수업을 했다. 아이는 연초에 태어났으며, 당신은 자녀가 풍부한 어휘
력을 지니고 있어 자랑스럽다. 아이는 읽기에 관심을 나타내며, 당신
한테 쓰기의 견본을 달라고 요구한다. 철자를 알고, 셀 줄도 안다. 당
신은 자녀가 바로 초등학교에 들어가기를 희망한다. 자녀가 1년을 헛
되이 보내고, 지루해하고, 계속해서 놀까봐 걱정된다.

1990년부터, 그리고 운영법이 생긴 이래로 초등학교 입학 연령을
위반하는 경우가 더 이상 없고, 실제로 5-6세반은 동시에 제1과정과
제2과정에 속한다.

모든 분야에 있어서, 그리고 당신 자녀가 능력이 된다면 기본적인
학습이라 부르는 것, 즉 **읽기 · 쓰기 · 셈하기**에 접근하는 데 있어서

까지 자녀의 발전에 모두가 기여한다는 것을, 나는 이 책 전체에 걸쳐서 보여 주려 노력했다. 그럼에도 불구하고 당신의 자녀가 조커를 쓰기를 원하고, 과정을 2년에 끝내기를 원한다면:

알아야 할 사항:

제2과정으로 월반하고, 그리고 초등학교 1학년에 들어가는 것을 결정짓는 것은 제1 그리고 제2과정(영아, 4-5세반, 그리고 5-6세반, 초등학교 1학년, 초등학교 2학년)의 위원회 교사들이다.

— 당신의 자녀는 그후 더 이상 제3과정에서 2년만 머무를 수는 없을 것이다.

— 만약 당신의 자녀가 2세에 유치원에 들어갔다면, 당연히 4년 동안 유치원에 다닐 것이고 어떤 반도 유급되지 않을 것이다

교사들을 신뢰하라, 교사들은 유아를 위해 가장 최선의 해결책을 찾는 데 성실하게 노력한다. 교사들은 **예외적인 경우**에 있어서 한 과정의 월반, 예외적인 태도를 보이는 유아를 받아들이도록 부모들에게 조언한다는 것을 알아라. 그리고 이러한 경우 어느 정도의 확신을 한다고 말할 수 있다.

교사들, 그리고 보통 한 반을 담당하고 있는 원장은 당신의 자녀를 잘 알고 있다. 유치원에서, 자녀는 집에서와 같은 행동을 반드시 하지는 않는다. 아이는 여전히 노는 것을 좋아하고, 이는 매우 당연한 것이다.

● 몇 가지 잘못된 생각들

— "우리가 아이를 도와 줄 것이다." 물론이다. 그러나 유아가 초등학교 1학년에서 편안해할 수 있도록 합당할 때에만 도움을 청하고, 자율적으로 혼자서 학습하는 것이 중요하다. 만약 작은 일에도 도움을 받거나 격려가 필요한 유아라면, 아이는 쉽게 지칠 우려가 있다.

— "우리 아이는 6세의 몇몇 유아들보다 **더 잘하고**, 초등학교 1학년에 들어가는 몇몇 유아들보다 더 잘해요." 그것 잘됐군요. 그러나 당신의 자녀는 더 잘하는 다른 유아들보다 뛰어나게 잘하거나, 또는 적어도 똑같이 잘해야 한다. 가장 중요하게 생각해야 할 점은 지식이 아니라 초등학교 1학년의 속도를 따라갈 수 있고, 더 나이가 많은 유아들과 마주했을 때 통합될 수 있을 정도로 성숙한가 하는 점이다.

— 아이가 계속해서 학습하기를 요구한다. 어떤 유아들은 오랫동안 그림 그리고, 글씨 쓰는 것을 좋아하지만…… 이 아이들의 부모들은 자신도 모르는 사이 아이들에게 자신들을 기쁘게 하라고 강요하는 태도를 보이는 부모들, 이 당연한 욕구를 따르는 부모들이 아닌가. 유아들은 아마도 좋은 결과를 얻을 것이지만, 어떤 대가를 치러야 하는가? 단지 4-5세반에 있기 위해, 그리고 간혹 괴로운 경험이나 후유증을 가져올 수 있는 실패를 겪기 위해 엄청난 노력을 들이도록 강요되는 것보다, 아주 편안하고 다른 분야(운동·음악)를 받아들일 수 있는 가능성이 있는 것이 더 낫지 않을까?

찬성과 반대를 비교해 본 후, 당신은 초등학교 1학년에 자녀를 받아 줄 것을 요청할 수 있다. 만약 당신이 과정교사회 선생님들의 의견에 동의하지 않는다면 청원을 한다. 당신은 15일 안에 서면으로 학교 장학관에게 청원서를 보낸다. 일반적으로 교육성 장학관들이 학교 장학관의 위임에 의해, 각각의 상황에서 청원 예심을 이끌어 갈 것이다. 교육성 장학관들은 유익하다고 판단되는 모든 의견들, 특히 유치원장의 의견, 보조교사 조직의 직원들의 의견, 부모의 의견들을 경우에 따라서는 협회의 대표자들과 같이 가서 수렴할 것이다.

청원에 첨부된 유아가 학습한 것들에서부터 각 상황의 개별화된 검토가 이루어질 것이다.

제출해야 할 서류들

— 부모들이 논증한 자필 편지.
— 생활기록부.
— 건강진단서.
— (임의 선택한) 심리분석가의 보고서.
— 유아가 학습한 것: 자유롭게 그린 그림(3분기 중 하나), 지시에 따라 그린 그림, 사고법 훈련, 노정 묘사, 짧은 문장 베끼기, 외워서 쓴 유아의 이름, 공간–시간 개념의 형성을 나타나게 하는 실습 등을 모은 것.

다양한 질문에 대한 답변

자녀가 일정한 활동을 거부한다면, 이를 걱정해야 하는가?

여러 형태의 경우가 있다:

• 당신의 자녀는 2-4세반에 있고, 신학기에 정해진 활동에 참가하는 것을 거부한다.

체 육

몇몇 유아들은 간혹 정돈된 공간에서 이동하거나 공놀이를 하는 데거의 익숙지 않아서, 장애물이나 잘 모르거나 거의 모르는 시설들을 두려워한다. 이런 유아들은 지켜보는 쪽을 택하지만 이러한 태도는결코 오래 가지 않는다.

미 술

만지고, 흙탕물을 휘젓고, 정말로 환희에 넘쳐 나뭇잎에 구멍이 날때까지 자국을 내는 유아들은 억제할 수 없이 이 실습실에 매혹된다! 반면에 다른 유아들, 아마도 당신의 자녀는 더러워지는 것을 두려워한다. 만약 이 경우라면, 자녀에게 세탁이 쉬운 옷이나 앞치마를 입혀라. 토시만으로는 자녀가 안심하지 않는다. 자녀에게 미술 시간에 그린 그림을 가져오도록 부탁하라. 만약 자녀가 가져오거든 그것을 부각시키고 참작하라.

'물놀이' 공간과 다른 활동들

이 실습실도 마찬가지로 아주 성공적이지만, 역설적으로 이 실습실에서도 유아들이 더러워질까봐 걱정한다! 이 유아들에게 젖는다는 것은 더럽히는 것과 같다. 물놀이는 종종 집에서는 금지된 어떤 것임에 틀림없다.

할 줄 모르는 것을 하라고 하면 흔히 겁내는 몇몇 유아들은 조각 맞추기, 종이찢기 등과 같은 일련의 활동들을 즐거워하지 않는다.

낮잠과 간식

자녀가 학교에서 자는 것을 거부하거나, 또는 집에서 낮잠 자는 습관이 되어 있지 않은 경우(잠이 없는 유아) 이 점에 대해 교사에게 알려 주어라. 아니면 아이가 자신의 집 외의 다른 장소에서 자는 것을 두려워하는 경우에는 반갑게 맞아들이는 태도, 잠이 들 때 조용히 불러 주는 자장가, 그리고 아이가 정말로 잠이 필요한 경우에는 친숙한 물건이 있는 것으로 충분하다.

어떤 유아들은 학교에서 먹는 것을 완전히 거부하는데, 이러한 태도는 걱정하지 않아도 된다. 흔히 이러한 태도는 금방 바뀐다. 이때 유아에게 집에서의 아침 식사와 비교해서 질문을 해보라.

• 2-4세반의 몇몇 유아의 경우 신학기에 한 가지 활동, 예를 들어 주방 공간이나 주차장 공간에서 항상 같은 활동을 하면서 자신을 숨긴다. 이러한 유아들은 자신들이 알고 있거나 잘할 줄 아는 한 가지

활동을 하면서 안심하는 것 같다. 이때 교사는 유아에게 색깔별로 자동차를 분류하거나 길을 따라 자동차를 움직이게 하고, 다른 유아들과 놀이를 하도록 권할 것이다. 유아는 다른 공간에 조금씩 관심을 가지고 모험하기 위해 도망쳐 있던 공간에서 나올 것이다.

• 신학기에 아이는 2-4세반에 들어갔다. 당신의 자녀는 모든 활동에 참가하는 것을 거부한다. 당신이 떠나자마자 아이는 한구석에 앉아 당신을 기다리고, 담당 교사는 이러한 태도를 당신에게 알려 준다. 며칠 동안 이러한 태도는 이해될 수 있다. 아이는 헤어지는 것을 견디지 못하는데, 특히 처음이라면 아이는 지켜보며 자신에게 난처한 일이 전혀 생기지 않으리라는 것과, 당신이 반드시 자신을 데리러 올 것이라는 확신을 원한다. 항상 시간에 맞춰 데리러 오라. 조금씩 수줍게 자녀는 먼저 아는 활동에 참가하고, 다음에 단체와 함께한다. 이 경우에는 인내심을 보여야만 한다.

당신의 자녀는 '난폭한' 아이이거나, '끔찍하게 말썽피우는' 아이이다

2-4세반에서 난폭한 행동은 금지되어 있다. 자신의 장난감을 빌려주고, 단체 활동에 참가하는 것이 익숙지 않은 유아들, 떨어져 있는 것을 견디지 못하는 유아들은 할퀴고 머리를 잡아당기며 장난감을 빼앗는다. 이 아이들이 유치원에서 일어나는 상황을 이해하고, 성인

이 자신뿐만 아니라 모두를 돌봐야 함을 이해했을 때, 몇몇 제약들에 대한 이유를 이해할 수 있을 때, 아이들은 조금씩 단체에 통합된다.

만약 이러한 난폭함이 지속된다면 당신조차 놀라게 할 수 있는데, 자녀는 이러한 행동을 유치원에서만 한다. 자녀가 집에서, 그리고 다른 성인이나 또래의 유아들을 만났을 때 전혀 다를 수 있음을 알아라. 무모함, 충동, 그리고 난폭함으로 다른 유아들뿐만 아니라 자신들에게도 위험할 수 있는 몇몇 유아들의 경우에 있어서 교사는 학교 심리분석가의 도움을 요청할 수 있다. 교사는 전문 교육을 받았고, 교사의 역할은 이러한 형의 유아가 통합되는 것을 어렵게 하는 주된 원인을 다룰 수 있는 해결책을 연구하는 걸 돕는 것이다.

어려움을 겪고 있는 유아들을 누가 도울 것인가?

● 전문 보조 조직

유치원은 특별히 주의 깊게 관찰할 수 있는 장소이고, 예방은 제1과정에서 특히 중요하다.
교사는 알아보고, 관찰하고, 자신들이 맡고 있는 유아들의 어려움을 이해하고, 자신들의 교육적 행동을 적합하게 하고, 결과를 평가할 줄 안다.

몇몇 경우에서, 전문화된 도움의 개입은 유아가 나타내는 어려움을 극복하고 자신의 발전을 자각하게 해주기 위해 필요하다고 확인된다. 이 전문 보조 조직과 교사들의 협력은 질적인 관찰과 일관성을 공고히 한다.

전문 보조 조직의 구성과 역할

다음과 같이 구성된다:
— 학교의 심리분석가. 전문화된 교육을 받은 교사로서, 유아들을 초등학생들로서 그리고 유아들로서 알고 있고, 유아들을 돌보지도 않고 어떤 결정도 내리지는 않지만 교실·운동장 등에서 유아들을 관찰하고 어려움을 명확하게 구분하며 교사들과 의논하고 어려움에 적합한 해결책을 제안한다.
— 교육법과 교육심리의 재교육을 담당하는 전문 유치원 교사들.
이러한 도움의 개입은 학교에서 이루어진다. 전문 보조 조직은 교육성 장학관의 직접적인 책임하에 있다.

● 교육-심리-의학센터

당신은 교육심리의학센터에 관해 이야기하는 것을 들었다. 교사들 또는 당신의 자녀가 다니는 유치원의 전문 보조 조직 회원이나 일반의, 또는 소아과 의사, 더 나아가 임산부·유아 예방에 소속된 의사, 또는 당신 가족 가운데 한 사람이나 교육심리의학센터에서 지켜보거나 지켜봤던 자녀를 가진 이웃들 가운데 한 사람이 당신에게 이 기관을 알려 주었다.

특 성

1901년 조합법에 의해 관리되는 사회-의료 기관에 관계된다. 이 기관은 사회보장제도에 의해 재정이 뒷받침되는 반관-반민 기관이다 (따라서 당신은 사회보험에 적용되어야 한다).

교육심리의학센터는 시설에 따라서 0-20세, 또는 6-20세까지의 환자들을 받는다.

팀의 구성

— 의료 팀장-정신과 의사.
— 정신과 입회의사 2명.
— 문교부의 일원인 교육행정관.
— 임상 심리분석가와 학교 심리분석가들.
— 언어장애치료사들.
— 정신측정학자들.
— 교육심리 재교육자들.
— 사회보험 방문위원.
— 행정 직원.

과 정

자녀의 증상과 어려움이 무엇이든지간에, 어떻게 누구에 의해 이

기관을 알게 되었든지간에 당신은 상담 요청을 해야 한다. 사무국에 서는 틀림없이 당신에게 두 번의 의사 상담, 즉 아이를 위한 의사 상 담과 부모들을 위한 의사 상담을 권할 것이다.

종합 평가가 유익하다고 확인될 수 있으며, 회의에서 팀이 보험금 을 지불하는 부담 인수 계획을 짜도록 허락하게 되고, 유아를 계속해 서 지켜보는 것을 보장하기 위해 한 사람을 지목한다. 앞에서 말한 것처럼 비용은 사회보험의 책임이기 때문에 당신은 보험금이 보장되 어야 한다.

치료 계획은 흔히 유아를 위한 전문 작업(교육심리 재교육자나 언어 치료사 또는 정신운동 전문가)과 함께, 그리고 부모와의 작업과 함께 이루어진다. 망설이지 말고 질문하라. 많은 경우에 있어서 어려움이 제거될 수 있다는 것을 알아라.

【비고】 부모들이 다음의 질문을 하는 것은 당연하다:
— 학교에서 준 정보에 대해.
— 교육심리의학센터가 준 정보에 대해 교사에게.
— 유아들이 겪는 어려움에 있어서 학교의 책임에 대해.
만약 당신이 자녀를 동반할 수 없다면, 의사가 동행 봉사(유료)를 결정할 수 있다.

집안에 일이 생겼을 때 이를 유치원에 알려야 하나? 유치원은 어떤 도움을 줄 수 있는가?

이러한 질문들은 대답하기에 아주 민감한 것이 분명하지만, 상황이 자녀를 혼란스럽게 하거나 당신 자신이 고통을 받는다면 교사가 알고 있는 것이 도움이 될 수 있다. 간혹 교사는 평상시와 다른 아이의 행동에 주목하고, 예고되지 않은 어려운 상황을 예감할 수 있다. 예를 들어 당신이 떠날 때 아이가 울거나, 당신을 기다리면서 극도로 불안해하고, 교실 한구석에 숨고, 난폭하게 굴며, 어떤 활동에는 참가하기를 거부한다.

엄마의 날이나 아빠의 날 축제를 위한 선물을 준비할 때, 가족들의 그림을 그릴 때, 사정을 알고 있는 교사는 유아를 어려움에 처하지 않게 할 수 있음을 알아라.

마찬가지로 몇 가지 민감한 주제를 다루고, 유아가 자신의 고유한 경험을 발견할 수 있는 이야기들을 다룬, 예를 들어 다음과 같은 책들이 있다는 것을 알아라: 《이별》《안녕, 오소리야》. 그런데 《안녕, 오소리야》라는 그림책은 오소리가 친구들의 기억 속에 살아 있기 때문에 아주 섬세하게 죽음을 다룬다.

자녀가 유치원에서 보이는 태도에 대해 교사가 당신에게 충고한다. 어떤 태도를 취할 것인가?

이론적으로 말한다면, 유아가 세밀히 움직이는 분야에서 어려움을 나타내거나, 또는 전반적으로 수동적 참여 모습을 보이면서 어려움을 나타내는 것 같다면, 4-5세반 또는 2-4세반에서 이미 당신에게 알려졌어야 한다.

• 아이가 혹여 아팠었을 수도 있고, 따라서 잦은 결석으로 인해 진정으로 통합될 수 없었다.

• 약간 느린 리듬을 갖고 있다.

• 자율이나 감정적인 성숙의 면에서 볼 때 어려움을 나타낸다.

• 가벼운 장애로 고통을 받는다.

• 한 사건으로 혼란스러워했다.

당신의 자녀는 필요한 지식의 습득과 자신에게 유익하도록 초등학교 1학년 수업을 따라가기 위해 유치원의 분위기가 여전히 필요하다.

위원회에서 아이의 경우를 검토할 것이고, 결정 사항을 당신에게 전해 줄 것이다.

질문을 하라. 자녀를 잘 알고 있는 전문 보조 조직의 회원들에게 조언과 상세한 설명을 요청하라. 만약 교육심리의학센터에서 자녀를 지켜본다면, 자녀와 함께 작업하는 의사들에게 의견을 물어보라. 그것은 1년을 버리는 것이 아니라, 가장 최선의 기회와 함께 초등학교 1학년에 접근하는 방법이다.

위원회는 감독관·교사들·의사·심리학자로 구성된다.

학교에서는 장애 유아를 받아들이거나 장애 유아반을 운영한다

현재 유치원 교사가 맡고 있는 일의 부담을 덜어 주는 방식으로, 상호 고용 계약에 의해 연계된 사람이 물리적인 업무에 있어서 교사를 돕는다.

장애를 가진 유아가 단체에 통합되는 것이 교육 공동체를 풍부하게 하는 것이고, 교육 안에서 시민권에 대치될 수 없는 차원을 가져다 준다는 것이 경험으로 증명되었다.

결 론

———

유아의 시간을 계획적으로 활용한다. 무엇에 대해서인가?

"토요일 오전에 학습하는 편이 더 좋다……."

"토요일에 자유로운 것이 좋다."

"15일간의 짧은 방학을 갖는 것이 더 바람직하다."

리옹, 에루빌 생 클레르의 현장에서 있었던 경험들을 대중 매체가 널리 알린다. 의견이 일치하지 않는다. 우리는 바로 다음과 같은 결론을 내릴 수 있다:

— 문제가 복잡하다.

— 모든 해결책에는 장점과 단점이 있는 것 같다.

— 토론은 신속히 격화된다.

— 모든 선택은 어렵다.

— 진리는 없다.

— 시의 시설에 의존한다.

알아야 할 사항:

역사적으로 우발적으로 일어나는 정치적·경제적 사건들은 항상 유아들이나 가족들의 필요성보다 더 영향력이 있었다. 예를 들어서 9월에 일손이 필요했었던 시골에서의 10월 개강, 1936년의 국가일정표(유급 공휴일), 고속도로의 지나친 대혼잡을 피하기 위해 짧은 기간의 방학을 할당하기 위한 지역 작성 등등…….

연구가들의 견해에 따르면, 일주일의 시간을 조정하는 것보다 하루의 시간을 조정하는 것이 더 나을 듯싶다.

만약 일주일이 4일이라면, 긴 방학은 적어도 5일이고, 2월의 방학은 적어도 4일이다.

만약 당신이 사는 도에서 토론회가 구성되고, 학교에서 회의가 구성된다면, 당신이 의견을 내라.

몇몇 훌륭한 연구가들은 연속해서 이틀의 연휴를 갖는 것은 바람직하지 않다고 생각하고, 짧은 방학이라도 적어도 15일이 돼야 유익하다고 생각한다.

유치원은 언제부터 있었는가?
과거의 유치원

● 잠시 '만약에……' 라는 놀이를 해보자

만약 우리가 1771년 보주 지방에 있었다면, 4-7세 사이의 우리 아이들은 사제 오베르랭의 뜨개질하는 학교에 받아들여졌을 것이다. 유년기의 지도자는 아이들에게 실을 잣고, 뜨개질하고, 붕대를 만들고, 종이를 자르고, 철자를 읽고, 글씨를 잘 쓰고, 노래하고, 낭송하는 것을 배우며, 암산·자연사·성사를 배울 것이다.

만약 우리가 1826년 파리에 있다면, 코생 시장의 제안으로 우리는 아이들을 유치원에 넣을 수 있을 것이다. 1836년 유치원은 그 수가 1백 개에 달하고 4천 명의 유아들을 받는데, 이 유치원들은 문교부 소속이다.

1837년에 규정이 생기고, 2-6세의 유아들이 받아들여지고, 시설은 무료이다.

시설의 목적은 무엇보다도 유아들이 질서와 청결, 그리고 서로에게 친절히 대하는 습관을 갖도록 하는 것인데, 이 습관들은 유아들에게 '올바르고, 예의바르고, 기독교적인 삶' 을 준비시킨다. 유아들의 지성은 지나친 실습으로 피로해지는 일 없이 점차로 발전되어야 할 것이다.

유치원이 열리는 시간은 다음과 같다:

— 4월 1일에서 8월 1일까지, 8시부터 19시까지.

— 8월 1일에서 4월 1일까지, 8시부터 20시까지.

가구는 다음과 같은 것이 포함되어야 할 것이다: 작은 단 5개, 벤치 4개, 바구니와 작은 통들을 놓아둘 시렁받침이 있는 선반 3개, 통 30개, 작은 석필 30개, 칠판걸이 4개, 이중으로 된 읽기 칠판 10개, 작은 주판 모양의 계산기 1개, 간이침대 1개, 바구니를 매달 모자걸이 30개, 그리스도의 성화 1개, 성모상 1개, 함석으로 된 양동이 1개, 주철로 된 프라이팬 1개, 의자 2개, 볏짚 빗자루 1개.

1886년, 폴린 케르고마르는 《학교에서의 유치원 교육》을 출간했다. 1881년에는 유치원이 초등학교에 통합되어 있었다. 유치원은 유아가 신체적·정신적 건강 안에서, 은총 안에서, 온 힘을 다한 인도의 정신 안에서 성장해 나갈 수 있는 시설이다.

만약 우리가 1910년에 있다면, 우리는 각 도에서 여성에게 위임된 유치원 감독의 탄생을 보게 될 것이며, 여성 장학관은 유치원에서의 교육 발전에 결정적인 역할을 했다.

만약 우리가 1920년에 있다면, 아이들은 다음과 같은 것을 하도록 이끌어질 것이다.

— 신체 훈련, 호흡 운동, 놀이, 노래에 맞춰 하는 단계적인 움직임.

— 감각 운동, 손 운동.

— 언어와 낭송 실습, 이야기와 동화 실습.

— 사물에 대한 관찰 실습.

탁아소, A. 로방디의 판화, 1892.

파리10구 빌레 거리에 위치한 유치원의 안마당, 1891.

— 최초의 도덕적 습관의 형성을 목적으로 하는 실습.

1939-1945년의 전쟁 전에 야외 학교들이 생겨난다.

60년대 유치원들의 규모가 커지고, 점점 더 많은 유아들이 유치원에 다닌다.

만약 우리가 1977년에 살았다면 중요한 발전을 목격하였을 것이다. 남자 유치원 교사가 등장하면서, 유치원은 더 이상 여자 교사에게만 해당하는 분야가 아니었다. 여성 장학관은 1972년부터 이미 유치원과 초등학교, 초등학교와 특수교육, 또는 초등학교와 중학교 등두 가지 임무를 담당하는 장학관으로 양성되고 있었다.

그리고, 지금은 2-5세의 유아들 중 85퍼센트 이상이 취학한다.

프랑스의 유치원은 다른 나라의 유치원과 다른가? 이웃 나라 유치원의 구조

프랑스는 앞에서 언급한 바대로 2-6세의 유아들을 대상으로 하는 기관들과 구조적으로 다른 독창적인 유치원을 자랑스럽게 내세운다. 유치원 교사들이 초등학교의 동료들과 같은 학위를 갖고 있다는 점에서, 그리고 유치원이 초등학교와 같은 자격, 수용 능력, 통학 학생들의 비율, 그리고 그 **역사**에 있어서 **국립학교**라는 점에서 유치원은 자랑할 만하다.

1885년부터 유치원은 초등학교와 같이 시(가구 · 장소 · 시설)가 부담하고, 교사들의 대우는 국가가 부담한다.

이탈리아에서 **스쿠올라 마테르나**(scuola materna)는 현재 3-6세 유아들의 52퍼센트를 받아들이고, 사립학교에서 약 48퍼센트를 받는다. 20세기초에 마리아 몬테소리 여의사가 영아에 대한 지식으로 유치원에 많은 관심을 가졌다.

이 학교는 스페인의 **프레스콜라**(prescolar)와 같이, 우리 유치원과 비슷하고 프랑스 교육법 저서들은 위의 두 국가에서 번역되고 이용되었다.

스위스의 영아들을 위한 수용 시설의 구조는 일반적으로 프랑스보다 더 작고, 유아학교는 5세부터 유아들에게 일반화된다. 그런데 이유아학교의 목적은 프랑스 유치원의 목적과 매우 흡사하다.

아일랜드에서는 4-6세 사이의 취학 전 교육은 의무적이다.

영국에서는 **플레이그룹**(playgroups)이 생겨나 다양한 구성으로 활기를 띠게 하고, 놀이가 가장 중요한 대표적인 활동이다.

덴마크의 **킨더가르텐**(kindergartens)은 교육부가 아니라 사회부장관의 권한 아래에 있다.

룩셈부르크에서 놀이를 위한 학교는 체계적인 학교교육과 연계되지 않고 초등교육을 준비한다. 거기에서는 손을 사용하는 교육, 감각 교육, 음악 교육, 주변 관찰과 읽기 · 쓰기 그리고 셈과 연관된 몇 가지 활동들을 찾아볼 수 있다. 그리고 학교들은 모두 공립이다.

프랑스는 교사(학교 교사)가 학사부터 모집되는 유일한 나라다.

■ 내 아이는 6세이고, 5-6세반에 있으며, 초등학교 1학년에 들어가야 한다

당신은 변화, 즉 놀이를 하는 학교에서 공부를 하는 학교로 바뀌는 것에 대해 걱정한다.

나는 이 책 전반에 걸쳐서 유치원이 진정한 학교이고, 교사들이 학습 상황을 정돈하기 위해 노력하며, 그곳에서 유아들은 모든 분야의 기준을 세운다는 것을 보여주고자 노력했다.

유치원은 흔히 초등학교보다

더 쾌적하고 더 기능적인 건축물의 혜택을 받는다는 것을 알아야 한다. 일반적으로 더 최근에 생긴 유치원일수록 가볍고 매력적인 가구, 다양한 시설을 제안하고, 모든 분야에서 유아들의 성과에 더 높은 가치를 부여하는 교육법을 실행한다. 초등학교는 대부분 오래됐고, 현재 중학교에 있는(졸업반이 없어져서) 유아들을 받기 위해 구상되었고, 무겁고 움직이기 어려운 가구 때문에 활동의 형태를 바꾸는 것이 항상 쉽지 않으며, 예술 활동을 위한 시설도 풍부하지 않다. 교사는 불가피하게 다른 방법으로 유아들의 성과에 관심을 갖게 되며, 체육·회화·음악에서의 성과는 수와 글자에 관계되는 성과를 위해 별반 중요하지 않게 된다. 이 수와 글자들은 유치원의 방법과는 다른 방법으로 제시된다.

● 변화는 단지 피할 수 없는 것일 뿐만이 아니다. 변화는 필요하다

당신의 자녀는 벌써 변화를 겪었다! 자녀는 탁아소의 큰 아이에서 유치원의 영아가 되었다. 같은 유치원의 상급생인 당신의 자녀는 초등학교의 작은 아이가 될 것이다. 그리고 몇 년 안에 초등학교 5학년의 상급생으로서, 중학교의 가장 어린 아이 중에 하나가 될 것이다.

이러한 변화들은 의례적이고 필요하며, 그리고 많은 경우에 건설적이다. 모든 사회에서 한 나이 그룹이 그 다음 그룹으로 통과하는 관례는 개인의 삶에 흔적을 남긴다.

정상적으로 발전하고 감정적으로 성숙한 유아에게 있어서 유치원에 들어가고, 초등학교에 그리고 다음 중학교에 진학하는 것은 유아의 적응 능력과 함께 양립될 수 있는 시련이다. 그럼에도 불구하고 이러한 변화는 유아와 때때로 가정을 약체화시킬 수 있기 때문에 잘 정리되어야 한다.

학교는 어떻게 이러한 변화를 완화시킬 수 있는가?
사 례

우리는 초등학교가 유치원과 초등학교로 구성된 것을 보았다. 오랫동안 단지 같은 범주의 학교들만을 모으는 구역이 조직되었다. 그런데 몇 년 전부터 혼합 구역이 생겨났다. 이 혼합 구역에서는 2-4세반에서 4-5세반까지 교육진(감독관, 상담관)이 같고, 따라서 과정과 내용 안에서 최대한 일관성을 가져올 수 있다.

단지 5-6세반에서 초등학교 1학년으로 진급하는 것을 더 한층 용이토록 하기 위해 과정이라는 구성이 실행되는 것이다. 실제로 한 과정 선생님들의 모임은 활동을 계획하고 교사 전체가 유아들, 즉 약간 느린 리듬을 갖고 있고 몇몇 분야에서 어려움을 나타내는 유아들과 유치원에서 기본적인 훈련들을 시작할 수 있었던 유아들에 대해 최고의 지식을 갖도록 이끈다.

3년의 기간에 모든 유아들이 정해진 목표에 이르도록 하기 위해서 이러한 구성을 유효하게 활용하는 것이 중요하다.

● 유치원에서는 무엇을 하나?

5-6세반에서는 새로운 것을 쌓아 가는 것이 중요하지 않고, 2-4세반과 4-5세반에서 이미 획득한 능력을 강화시키고, 두 반에서 이끌어 낸 기량을 최고로 발휘토록 하는 것(예를 들어서 알아볼 수 있는 글씨를 힘들이지 않고 쓸 수 있기 위해 원숙한 손놀림을 강화하는 것)이 중요하다.

유치원에서의 이 마지막 해에는 유아들이 집중하고 실천하는 것에 익숙해지며, 새로운 학습 방식에 친숙해지게 한다. 5-6세반의 교사들은 단체 활동과 체계적인 활동을 제안하면서 정확하게 수행토록 노력할 것을 요구한다.

유아들은 유치원에서 어떤 능력들을 갖게 되는가?

모든 것에 대해 말한다는 것은 불가능하다.

태도 분야
유아는 이같은 것을 할 수 있다:
— 자신의 자립을 주장한다.
— 공동 계획에 참여한다.
— 분별 있게 도움을 청한다.
— 단체의 리듬을 따른다.
— 작업을 잘 해나가기 위해 자신의 활동을 조직한다.
— 스스로에게 정당한 신뢰를 갖는다.
— 자신을 둘러싼 세계에 관심을 갖는다.
— 자신이 질문하고 찾아보는 것을 통해서 호기심을 나타낸다.

— 주위의 공간에서 방향을 알아낼 수 있다.
— 가까운 시간 안에서 방향을 잡는다.

운동 기능 분야
유아는 이같은 것을 할 수 있다:

— 팀 단위로 하는 놀이에 다른 유아들과 함께 참여한다.
— 움직이는 활동에 편안하게 참여한다.
— 다양한 시설들을 능란하게 다룬다.
— 어느 정도 숙달되었다는 것을 나타낸다.

구어 분야
유아는 이같은 것을 할 수 있다:
— 분별 있게 발언한다.
— 주의해서 듣는다.
— 지시 전체를 이해한다.
— 이야기를 이해한다.
— 이해할 수 있는 방법으로 표현한다.
— 사실과 논리적으로 연결하면서 이야기를 다시 생각해 낸다.
— 이야기의 시작이나 끝을 꾸며낸다.
— 자기 나이에 맞는 어휘를 사용한다.
— 자신의 선택을 설명하고, 합리화한다.
— 동시 · 노래를 외운다.

문어 분야
유아는 이같은 것을 할 수 있다:
— 쓰기에 큰 관심을 나타낸다.
— 쓰기의 다른 소재들을 알아보고 이름을 말한다: 카탈로그, 다양한 정기 간행물.
— 자신의 쓰기 소재들 중에서 필요한 것을 선택한다.

— 대문자, 필기체, 그리고 초서체로 된 단어를 알아본다.
— 도서관에서 방향을 잡는다.
— 성인이 읽어 준 후, 책에 대한 정보를 제공한다.
— 읽고 쓰는 데 필요한 단어들을 교실에 있는 대문자에서 찾아낸다.
— 성인에게 글자, 요리법, 놀이요령 등을 받아쓰게 한다.
— 자신의 이름을 쓴다.

수학 분야
유아는 이같은 것을 할 수 있다:
— 색깔을 식별하고, 색의 이름을 말한다.
— 도형을 알아보고, 도형의 이름을 말한다(정사각형, 직오각형, 삼각형, 동그라미, 마름모).
— 가장 작은 것에서 가장 큰 것까지, 가장 큰 것에서 가장 작은 것까지 물건을 분류한다.
— 20-30까지 셈노래를 읊는다.
— 질문에 대답한다: ~은 몇 개 있나?
— 과정을 따라간다.

예술 활동 분야
유아는 이같은 것을 할 수 있다:
— 음악, 조형 예술에 대해 관심을 보인다.
— 다른 도구들을 사용한다.
— 기술을 적용한다.
— 음악 활동에 참여한다(노래 · 춤).

동문선

《얀 이야기》 ⓒ 2000 JUN MACHIDA

● 변화를 완화하기 위해 공동 활동을 실행한다

몇 가지 예

— 초등학교 방문.

— 서신 교환 실행.

— 신문 만들기.

— 공동 활동 실행: 크리스마스 트리를 함께 장식하기, 크레이프 빵 만들기, 사육제 행진을 위해 분장하기, 박물관 방문.

(이러한 활동들은 많은 흥미를 제공하는데, 5-6세반 유아들은 읽기와 쓰기 활동에 관계하고, 초등학교 1학년의 유아들은 5-6세반에 있는 친구들에게 그림책을 읽어 주러 온다.)

— 몇몇 분야에서의 교사 교환.

— 교사는 제1과정-제2과정 내내 관심을 갖고 유아들을 지켜본다 (5-6세반, 초등학교 1학년, 초등학교 2학년).

5-6세반과 초등학교 1학년의 교사들은 일관성 있게 일을 하고자 노력한다.

만족해하는 자발적인 태도가 차츰 드러난다. 5-6세반의 유아들은 유치원에서 배운 단어들을 분류·정리한 미니 사전을 가져온다. 아이들은 또한 자신들이 만든 그림책, 꾸며낸 이야기를 보여 줄 수 있다.

유치원에서

단체 활동, 그룹별 작업은 공동으로 노력해야 하는 상황을 만들어 낸다. 일주일간의 약속이 체계적으로 세워진다. 더 빠른 속도, 더 일관된 리듬이 요구된다. 구조화된 실습들이 제안되지만, 그것을 잘못 생각하지 말아야 한다. 우리가 새로운 요리, 정교한 수리, 복잡한 뜨개질 부분에서 성공했을 때처럼 유아는 성공하는 것을 행복해한다! 유아들 편에서 보면, 유아들은 노력하면서 기분이 좋고 어려움은 극복된다. 프랑수아즈 돌토가 말했듯이 유아들은 스스로 '진급한다.' 그리고 유아들은 초등학교 1학년에서 강화된 감정, 즉 한 개인으로서 돋보이게 되는 욕구를 나타낸다.

초등학교에서 미지의 것은 매력을 발산하고, 새로운 것은 더 높은 가치가 부여된다. 유아는 시련을 겪기를 바라고, 장애를 극복하기를 원한다. 초등학교 1학년의 교사들은 그 나이의 유아들에게 여전히 중요한 욕구, 즉 움직이고 자유로이 행동하며, 꿈꾸고 놀고 싶은 욕구를 계속해서 참작한다.

● 유치원에서 초등학교로 진급하는 자녀를 어떻게 도울 것인가?

초등학교 1학년에서는 **책의 역사에 접근하기** 위해서, 성인에 대한 의존으로부터 좀더 벗어나야 한다는 것을 알고 있는 유아들은 초등학교 1학년이 되기를 초조하게 기다릴지도 모른다.

유아는 근본 욕구가 존재하는 만큼 성공할 것이고, 지식의 결핍이나 감정 성숙의 결핍은 극도의 불안을 야기할 수 있다. 학습의 가치는 일으키는 감정에 의존한다. 만약 감정이 긍정적이면 유아는 반복하고 외우는 것을 좋아할 것이고, 만약 감정이 부정적이면 유아는 반복하고 외우는 것을 거부하고, 정지하고, 억압한다.

"자, 이제 공부해라"고 말하지 마라. 모든 활동들이 유치원에서 이루어지기 때문에 유아는 그 말을 이해하지 못할 것이다. 자신의 이름을 쓰고, 교사에게 편지를 받아 적게 하며, 도형을 조작하도록 유아에게 허락되는 순간들이 유아에게 있어서는 공부이고, 또 이러한 습득에 가치를 두어야 한다. "내년에 ~을 보게 될 거야"와 같은 **막연한** 암시가 가득한 문장도 말하지 마라. 그리고 명확하게 하라. 자녀에게 단지 당신을 기쁘게 하기 위해서, 또는 초등학교 2학년으로 진급하기 위해서뿐만 아니라 **스스로를** 위해 계속해서 읽기에 대하여 배울 것이라고 설명하라!

이러한 변화에 대해 많은 연구를 한 비앙카 자조는 "합당하게 발언하기, 그룹의 리듬을 따라가는 능력, 자신의 활동을 조직하는 능력, 합리화된 자신에 대한 신뢰 등은 초등학교 1학년에 적응하기 위해 중요한 능력들이다"라고 명시하고 있다.

나는 여러분이 이 책을 읽고 안심하는 동시에 몇 해를 전적으로 살아가게 될 방식에 놀랐기를 바라고, 여러분의 자녀가 겪게 될 여러 방면의 발견과 많은 경험에 주의를 기울이길 진심으로 바란다……

　그 나이 또래의 유아들과 만나면서 우리는 혼잡한 꿈에서 현실로, 경이로운 것에서 가장 친숙한 것으로 다가갈 수 있다. 유아들이 표명한다는 것을 알고 싶은 간절한 욕망에 우리는 대답하지 않을 수 없다……. 그와 반대로 유아들에게 많은 관심을 가져야 하겠지만, 우리가 유아들의 솔직함, 삶의 기쁨, 그리고 아이들이 우리들에게 보여주는 신뢰에 의해 폭넓게 보상받는다는 사실을 언급하면서, 나는 유치원의 많은 교사들을 대변할 수 있다고 믿는다.

전재민
파리 제4대학 석 · 박사

문예신서
2004

부모가 알아야 할 유치원의 모든 것들

초판발행 : 2004년 6월 25일

지은이 : 니콜 뒤 소수아
옮긴이 : 전재민
총편집 : 韓仁淑
펴낸곳 : 東文選
제10-64호, 78. 12. 16 등록
110-300 서울 종로구 관훈동 74
전화 : 737-2795

편집설계 : 朴 月

ISBN 89-8038-932-9 94370
ISBN 89-8038-000-3 (세 트)

나비가 되어 날아간 한 남자의 치열하고도 아
름다운 생의 마지막 노래. 세상에서 가장 아름답
고도 애절한 이야기가 비틀스의 노래와 함께 펼
쳐진다.

잠수복과 나비

장 도미니크 보비 / 양영란 옮김

장 도미니크 보비. 프랑스 《엘르》지 편집장. 저명한 저널리스트이며
두 아이를 둔 자상한 아버지. 멋진 말을 골라 쓰는 유머러스한 남자.
앞서가는 정신의 소유자로서 누구보다도 자유를 구가하던 그는 1995
년 12월 8일 금요일 오후 갑작스런 뇌졸중으로 쓰러졌다. 3주 후 의식
을 회복했으나, 그가 움직일 수 있는 것은 오직 왼쪽 눈꺼풀뿐. 그로
부터 그의 또 다른 인생, 비록 15개월 남짓에 불과한 '새로운' 인생이
시작되었다.

유일한 의사 소통 수단인 왼쪽 눈꺼풀을 20만 번 이상 깜박거려 15
개월 만에 완성한 책 《잠수복과 나비》. 마지막 생명력을 쏟아부어 쓴
이 책은, 길지 않은 그의 삶에서 일어났던 일화들을 진솔하게 묘사하
고 있다.

그러나 그의 이야기는 유머와 풍자로 가득 차 있다. 슬프지만 측은
하지 않으며, 억지로 눈물과 동정을 유도할 만큼 감상적이지도 않다.
오히려 멋진 문장들로 읽는 이를 즐겁게 해준다. 그리하여 살아남은
자들에게 희망과 용기를 주며, 삶의 그 모든 것들이 얼마나 소중한가
를 새삼 일깨워 준다. 아무튼 독자들은 이제껏 경험해 보지 못한 진한
감동과 형언할 수 없는 경건함을 맛보게 될 것이다.

《잠수복과 나비》는 출간되자마자 프랑스 출판사상 그 유례가 없는
엄청난 베스트셀러가 되었으며, 보비는 자기만의 필법으로 쓴 자신의
책을 그의 소중한 한쪽 눈으로 확인한 사흘 후 옥죄던 잠수복을 벗어
던지고 나비가 되어 날아갔다. 자유로운 그만의 세계로……

국영 프랑스 TV는 그의 치열하고도 아름다운 마지막 삶을 다큐멘터
리로 2회에 걸쳐 방영하였으며, 프랑스 전국민들은 이 젊은 지식인의
죽음 앞에 최대한의 존경과 애도를 보냈다.

소설로 읽는 세계의 종교와 문명

테오의 여행 (전5권)

카트린 클레망 / 양영란 옮김

★세계 각국 청소년 추천도서
★이달의 청소년 도서 (대한출판문화협회)
★98 올해의 좋은 책 (전국언론노동조합연맹)
★99 좋은 책 100선 (중앙일보사)

마음을 열고 영혼을 진정시켜 주는 책!
세상 끝까지 따라가는 엄청난 즐거움!
세계의 문명에 눈뜨게 해주는 책!
큰사람으로 만들어 주는 신의 선물!

열네 살짜리 소년을 동행한 신화와 제식의 세계 여행. 불치의 병에 걸린 주인공 테오는 '지상의 수많은 사람들이 어떻게 신을 믿고 있는가?'에 대해 이해하려고 끊임없이 놀라워하면서 질문한다. 또한 독자들을 '신비의 세계, 보편주의의 세계와 종교의식의 세계'로 안내하면서 '순진한 아이'의 역할을 충실히 해낸다. '하늘과 땅을 연결시키기 위해' 인간들이 구축해 놓은 세계 곳곳의 성소들을 찾아 나서, 온갖 종교의 성자들과 친구들을 만난다. 그리고 그들이 '무엇을, 왜 믿는가'를 우리에게 들려 준다. 마침내 여행이 끝나면 우리는 '종교의 역사는 관용의 역사이기도 하다'라는 말을 이해하게 되고, 세계의 문명에 대한 균형된 시각을 가지게 될 것이다. 또한 짚더미에서 보석을 찾는 것처럼 세상의 모든 것들 속에 존재하는 '진실의 알곡'을 찾을 수 있다는 것도 배우게 될 것이다. 다시 말해 "야유하지 말고, 한탄하지 말며, 악담하지 말라. 하지만 이해하려고 노력하라"고 한 스피노자의 말이 우리의 것이 될 터이다.

《르몽드》

東文選 現代新書 108

딸에게 들려 주는 작은 철학

롤란트 시몬 셰퍼
안상원 옮김

★독일 청소년 저작상 수상(97)
★청소년을 위한 좋은 책(99, 한국간행물윤리위원회)

작은 철학이 큰사람을 만든다. 아이들과 철학을 이야기하는 것이 요즘 유행처럼 되었다. 아이들에게 철학을 감추지 않는 것, 그것은 분명히 옳은 일이다. 세계에 대한 어른들의 질문이나 아이들의 질문들은 종종 큰 차이가 없으며, 철학은 여기에 답을 줄 수 있다. 이 작은 책은 신중하고 재미있게, 그러면서도 주도면밀하게 철학의 질문들에 대답해 준다.

이 책의 저자 시몬 셰퍼 교수는 독일의 원로 철학자이다. 그가 원숙한 나이에 철학에 대한 깊은 이해를 가지고 자신의 딸이거나 손녀로 가정되고 있는 베레니케에게 대화하듯 철학 이야기를 들려 주고 있다. 만약 그 어려운 수수께끼를 설명한다면 어떻게 할 것인가를 모형적으로 제시하고 있다.

철학은 우리의 구체적인 삶과 멀리 떨어져 있는 삶이 아니다. 우리가 사용하고 있는 말이란 무엇이며, 안다는 것은 무엇인가. 세계와 자연, 사회와 도덕적 질서, 신과 인간의 의미는 무엇인가 등 철학적 사유의 본질적 테마들로 모두 아홉 개의 장으로 나누어 이야기하고 있다. 쉽게 서술되었지만 내용은 무게를 가지고 있어서 중·고등학생뿐만 아니라 대학생과 성인들에게 철학에 대한 평이한 길라잡이가 될 것이다.

東文選 文藝新書 2005

부모들이여,
'안 돼'라고 말하라!

파트릭 들라로슈 / 김주경 옮김

"금지하는 것은 금지되었다." 이 역설은 부모의 권위가 실추되어 가고 있는 사회를 폭로한다. 그 사회에서 어머니들은 너무 권위적이 되는 것을 두려워하는 반면, 아버지들은 아버지 이미지가 점차 약해져 가는 것을 두려워한다. 그런데 체험된 경험과 임상 실험에 의한 관찰은 아이가 어른으로 성숙해 가기 위해서는 반드시 한계선을 필요로 한다는 것을 증명해 준다. 자녀에게 감히 '안 돼'라고 말하지 못하는 부모들의 태도는 교육을 돕기보다는 교육의 기준을 무너뜨리고 있다.

- 어디에서 금지가 필요한가?
- 무엇을 거부해야 할까?
- 벌을 꼭 주어야만 할까?
  벌을 줘야 한다면 어떻게 주어야 할까?
- 위반에 대해서 어떻게 반응해야 할까?
- 성에 관한 문제에서는 어떤 태도를 취해야 할까?

정신분석가이자 소아정신과 의사이며, 《문제 있는 청소년기》의 저자인 파트릭 들라로슈 박사는 감히 한번도 안 된다고 말해 보지 못한 많은 아버지와 어머니들이 제기하는 이런 문제들에 답하고 있다. 그는 자녀에게 해서는 안 되는 것을 금지할 때 부모 각자가 해야 할 역할과 기능을 설명하고 금지의 필요성을 정의하면서, 확고하면서도 결코 지나치게 엄격하지 않은 교육을 옹호한다. 그것이야말로 아이가 훗날 의무와 구속의 사회 속에 제대로 자리잡을 수 있도록 도와 주는 유일한 방법이 아니겠는가? 이 요청은 심리학적 개념들이 너무나 자주 잘못 이해되고 있는 탓에 희생자가 되어 버린 많은 부모들을 죄책감에서 해방시켜 줄 것이다.

東文選 文藝新書 2006

엄마 아빠,
전 못하겠어요!

엠마누엘 리공 / 이창실 옮김

"아이가 자신감이 없어요. 금세 좌절해 버려요. 자기 능력을 의심해요……"라는 말을 부모로부터 자주 듣게 되는데, 이런 지적을 무심코 넘겨서는 안 된다. 아주 어린 시절에 이미 행복하고 균형 잡힌 삶의 바탕이 되는 자긍심이 형성되기 때문이다. 그런데 자아에 대한 내면의 가치 의식이 때로는 나이에 상관없이 아이들에게 결여될 수 있다.

임상심리학자이자 심리치료사인 엠마누엘 리공은 이 책에서 아이가 확고한 자아를 확립하고 안정감을 가질 수 있도록 도우면서, 부모들이 제기하는 다음의 질문들에 답변한다.

- 자긍심은 어떻게 형성되는가?
- 외부의 영향력은 얼마나 큰 비중을 차지하는가?
- 교육의 원칙들로 말미암아 아이가 스스로를 평가절하할 수도 있을까?
- 아이는 어떤 행동들을 통해 자신감의 결여를 드러내는가?
- 어떻게 '적절한 정도'의 칭찬을 해줄 수 있는가?
- 어린아이도 자신을 의심할 수 있을까?
- 자신을 사랑하지 않는 청소년에게 어떤 도움을 줄 수 있을까?

아이가 자신을 사랑하고 존중하도록 돕기. 삶의 각 단계를 넘어설 수 있도록 아이에게 근본적인 신뢰감을 부여하기. 본서는 우리에게 이런 가르침을 주며, 지금까지 너무 자주 소홀히 여겨져 온 주제에 대해 새로운 시야를 열어 보인다.

東文選 文藝新書 2002

상처받은 아이들

니콜 파브르

김주경 옮김

　우리가 유년기를 아무리 구름 한 점 없는 행복한 시기로 꿈꾼 다고 해도, 그 시기가 우리의 바람처럼 언제나 낙원인 것은 아니 다. 유년기 속에는 여러 가지 함정, 크고 작은 시련들이 숨겨져 있다. 아이는 이러한 것들 덕분에 자신을 튼튼히 세워 가기도 하 고, 또한 이러한 것들 때문에 상처를 입을 위험도 있다.

　가정과 학교에서 어른들은 때때로 아이들에게 아픔을 주기도 하고, 그들의 고통스러운 외침에 귀를 닫기도 한다. 또 곁에 없 는 부모로 인해 상처를 입은 아이가 생기는 것은, 아이에게 그 부 모의 빈자리를 제대로 설명하지 못했기 때문이다. 뿐만 아니라 어떤 사실에 대해 아이에게 전혀 말을 하지 않고 비밀을 만드는 것은 아이를 무력하게 만들며, 삶의 의욕마저 앗아 갈 수 있다. 아이의 허약한 육체나 질병도 삶에서 심리학적인 문제를 가져올 수 있다. 유년기에는 이처럼 찔리고 터지고 깨지고 찢어진 온갖 상처들이 존재할 수 있다. 그런데도 흔히 우리는 아이가 표현할 수 없는, 혹은 표현할 줄 모르는 고통 같은 것은 옆으로 제쳐 놓 기 십상이다.

　담임 선생님을 싫어하는 파비앙, 어머니의 비극적인 죽음을 가 슴에 묻어두었던 상드라, 침묵에 짓눌린 프랑크, 뱃속에서부터 이미 손상되었던 세브랭의 경우 등을 통해서 정신분석가 니콜 파 브르는 상처가 밖으로 표현됨으로써 아물어 가는 것을 보여 주고 있다. 그녀는 치료 과정에서 심리요법이 하는 역할과 아이가 정 신분석가에게서 구할 수 있는 도움을 놀랍도록 섬세하게 설명해 주고 있다. 시련이란 일단 극복되고 나면 균형잡히게 자라도록 받 쳐 주는 개성을 이루는 하나의 흔적이 될 수 있기 때문이다.

東文選 文藝新書 2001

우리 아이들에게
어떤 지표를 주어야 할까?

장 뤽 오베르 / 이창실 옮김

가족이 해체되고, 종교와 신앙·가치들이 의문에 부쳐지고, 권위와 교육적 기준들이 흔들리고 있다. 오늘날 전통적 지표들이 동요하고 있는 것이다. 그런데 아이가 밝고 건강하게 자라기 위해서는 반드시 지표들이 주어져야 한다. 그렇지 못할 경우에 극단적인 태도로 기울어질 위험이 있기 때문이다.

교육심리학자이자 여러 저서의 저자이기도 한 장 뤽 오베르는, 아이들과 부모들에 대한 일상의 관찰에 힘입어 다음의 질문들에 대답하고 있다.

- 갓난아이, 어린아이, 청소년에게는 어떤 지표들이 반드시 필요한가?
- 아이를 과잉보호하지 않고 어떻게 안심시킬 수 있을까?
- 왜 다른 교육이 필요한가?
- 청소년기의 위기 앞에서 어떻게 반응해야 할까?
- 건전한 지표들과 불건전한 지표들을 어떻게 구별할 수 있을까?
- 무엇이 아이에게 강한 정체성을 부여하는 것일까?
- 쾌락과 관련된 지표들이 어떤 점에서 중요한가?
- 아이들은 신앙을 필요로 하는가?

본서는 부모들의 필독서로서, 그들에게 반성의 실마리 및 조언을 주어 자녀들이 절대적으로 필요로 하는 지표들을 제공할 수 있도록 한다. 그리하여 아동이 속박이나 염려스러운 불분명함 속에 방치되는 일 없이 교육을 통해 적절한 균형을 찾을 수 있도록 도와 준다. 또한 현재와 미래의 행복한 삶을 위한 성공의 조건들을 하나하나 제시해 나간다.